朝日新書
Asahi Shinsho 833

警察庁長官

知られざる警察トップの仕事と素顔

野地秩嘉

朝日新聞出版

はじめに――増え続ける警察の仕事

コロナ禍が始まった2020年の春、テレビニュースを見ていたら、迷惑系ユーチューバーが交番で警察官に「一緒に洋服屋へ行ってくれないか」と無理やり頼んでいる映像が映った。

迷惑系は警察官を撮影しながら語りかける。

「おまわりさん、あそこにある店、シャツを返品したいと言ってもダメだって。困っちゃうんですよ、それじゃ。ほら、ここに領収書もあるから、一緒に行って返品してもらうのを手伝ってくださいよ」

警察官は「動画を撮らないでくれ」と叱責する。しかし、迷惑系は「勤務中の警察官には肖像権はないんでしょ」と食い下がりながらなおも続ける。今はネコも杓子（しゃくし）もソーシャルメディアの一大トレンド入りすることを目指す時代になってしまっているから、彼はひたすら突き進む。制服を着た警察官、公務員はユーチューバーの餌食と化している。

迷惑系の目的はシャツの返品ではない。警察官を映して、その反応とともに動画にすることだ。手錠をかけられてもいいと思っているのだろう。絵になる動画を流したら、「いいね」が稼げる。「いいね」の数が多いと、広告代理店が目を付けて広告を入れる。ユーチューバーには金が入る。お金と欲望を一直線に結び付けた動画商法の世界がそこに完成している。

この場合、公務員である警察官が彼のビジネスを助ける筋合いはないし、警察官にもちゃんと肖像権が存在する。さらに、彼が執拗に迫れば今度は公務執行を妨害したことになりかねない。

しかし、論点はそこではない。

問題はこの時、迷惑系ユーチューバーが何のためらいもなく「返品交渉に付いてきてよ」と警察官に頼んだことだ。シャツの返品は民事だ。

民事不介入は警察官にとって原則ではないのか。迷惑系はそれを知らなかったのだろうか。それとも……。民事不介入の原則はすでになくなってしまったのか。

実は民事不介入の原則はなくなってはいない。だが、原則の内容が変化しつつあるのが現実だ。また、民事なのか刑事なのか線を引けない事例も少なくないのである。

冬が近づくとお腹を減らしたクマが民家近くに出没するようになった。クマを駆除するのは市役所の職員及び地元猟友会のみなさんだが、実際に最前線で網を持ってツキノワグマと対峙（たいじ）している人たちのなかには警察官がいる。善良な市民はクマを目撃した時、市役所ではなく110番通報をする。そうなると、警察官は出動せざるを得ない。

その場合、クマと対峙する警察官の出動根拠はどこにあるのか。山から下りてきて徘徊（はいかい）しているだけのクマを捕らえるのは犯罪抑止のためなのか。それとも獣害という災害から人を守るためなのか。

クマなら出動するのも仕方ないだろう。

では、凶悪な殺傷能力を持つスズメバチの巣ができた場合はどうなるのか。スズメバチが営巣して、周りを飛翔していることは犯罪なのか。ぶんぶん飛んでいるスズメバチが空中で集結しようとしていたら、警察官は出動するのか。

さらにもうひとつ。コロナ禍で東京都が飲食店に自粛営業をお願いした時、「密になっている」と通報された新宿・歌舞伎（かぶき）町の居酒屋やホストクラブに都の職員と一緒に警察官が出動していた。おそらく東京都から警視庁に「協力のお願い」があったのだろう。

2021年の初めに新型コロナウイルス対策の特別措置法が改正されて、自粛要請を守らない事業者、入院を拒んだ感染者、保健所の検査を拒否した者には同じく行政罰が科されることとなった。

行政罰に警察が関与することはないが、現場トラブルが起きる可能性もあり、知事や市長からの協力要請があれば、警察は市の職員と一緒に出動せざるを得ないだろう。

歌舞伎町のホストクラブの話に戻るけれど、あの時、都の幹部は警察官が出動して威嚇的な気配を見せないと店舗は自粛に協力しないと考えたに違いない。警察は「風俗営業等の規制及び業務の適正化等に関する法律」の範囲内で店に立ち入ったのだろう。違反していたら、営業に対する適正化の指導はできる。しかし、「マスクを付けなさい」は言えない。あの時、もし「マスクを付けなさい。さもないと……」と言ってしまったら、公権力が人権を抑制したことになってしまう。

警察の目的は公共の安全と治安の維持だ。具体的に言えば犯罪の抑止と捜査だ。法的根拠に基づいてこのことを実行するのが警察だ。

だが、ある時から民事不介入についての原則がやや変わったのである。

1999年の桶川(おけがわ)ストーカー殺人事件の後、ストーカー行為は犯罪になったため、男女のもめごとの解決も警察がカバーすることになった。それ以降も、警察へ相談する範囲は広がっていった。今では市民の困りごと全体を解決する役目を背負わされている感がある。

ハチの巣の駆除や新宿・歌舞伎町への出動などはその範疇(はんちゅう)だろう。

警察白書を見ると、110番通報の受理件数が載っている。件数自体はここ10年間は横ばいだけれど、刑事関係の110番通報は8%に満たない。大半は「近所で夫婦喧嘩(げんか)している」「ゴミ屋敷を片付けてくれ」「隣の騒音がうるさい」といった市民生活における苦情だ。そして、このなかには遺失物の問い合わせは入っていない。さらにいえば、交番に直接、来て、「財布を落とした。バス代がないから貸してくれ」と頼まれることなども入っていない。

ちなみに、ここに挙げたような市民生活を助けることを業務として推進している警察は世界にはほぼないと思われる。

ニューヨーク市警もFBIもスコットランドヤードも財布を落とした市民に小銭を貸してくれることはあり得ないだろう。

要するに、日本の警察は犯罪捜査に特化する世界の警察に比べると非常に特殊な立場にある。

そんな市民生活応援型になっている警察を率いているのが警察庁長官だ。変わりつつある警察を長官はどこへ導いていこうとしているのか。

本書はわたしが会った5人の元長官とひとりの元警視総監のインタビューとさまざまな資料から構成した。

「秘密のベールに覆われていた奥の院を活写した刮目（かつもく）の書」といった大げさなことは言わないけれど、警察組織、そして警察庁長官の仕事と生活のリアルは本書にある。

警察庁長官　知られざる警察トップの仕事と素顔

目次

◎デジタルにシフトした長官　米田壯元長官

◎**犯罪被害者の支援を始めた男　國松孝次元長官**
（第16代長官：1994年7月12日〜1997年3月30日） 178

おわりに――長官の資質について　237

写真／朝日新聞社提供
図版作成／加賀美康彦

第一章

警察とその組織

ふたつの警察――警察庁と都道府県警察

日本の警察はふたつの組織に分かれている。

ひとつは中央官庁である警察庁だ。職員は国家公務員で、霞が関にある合同庁舎内で働いている（20ページ図1）。

警察の総職員数、約30万人のうちの８０００人前後が警察庁の職員で、東京大学卒、京都大学卒を主とするキャリア官僚の組織である。仕事は各県警を束ねる行政管理、政策を作るための企画立案、広域捜査の指導、連絡、調整など。企画立案というのは法律を作ることなのだけれど、憲法では立法は国会議員がやることになっている。そこで、企画立案という表現にしたのだろう。しかし、警察関連の法律は実際のところは警察庁の人間が作っていることは間違いない。

もうひとつの警察は都道府県警察だ。各都道府県には警察本部があり、地方公務員の職員が働いている。数は28万８０００人。そのうち、警視庁（東京都警察本部のこと）に所属するのが４万６０００人（22ページ図2）。

都道府県警察の職員は高校や大学を出て、各都道府県で採用され、警察学校を出た人たちだ。なかには東京大学、京都大学を出た人もいるけれど、ノンキャリアと呼ばれる。

都道府県警察に勤める警察官のうち、一部の人は警察庁に異動することもある。ただし、地方公務員として採用されているので、最終的には採用された都道府県に戻る。都庁や県庁に採用された職員が国の官庁に出向するケースと同じである。

また、県警本部で長年勤め、警視正となった場合、本人が望めば地方に勤務しながら国家公務員になることができる。この場合、県によっては給料が下がってしまうこともあるのだが、たいていの人は給料より国家公務員になる方を選ぶという。

警察官の階級

前項で警視正という階級呼称を使ったので、ここで階級とそれに対応する役職について整理しておく。

階級は巡査から始まり、巡査部長、警部補、警部、警視、警視正、警視長、警視監、警視総監となっている。

ノンキャリアの場合、巡査で入る。巡査から警部までの昇任はすべて筆記試験の成績や勤務、成績等の総合評価で決まり、年功序列ではない。ノンキャリアの警察官は仕事と試

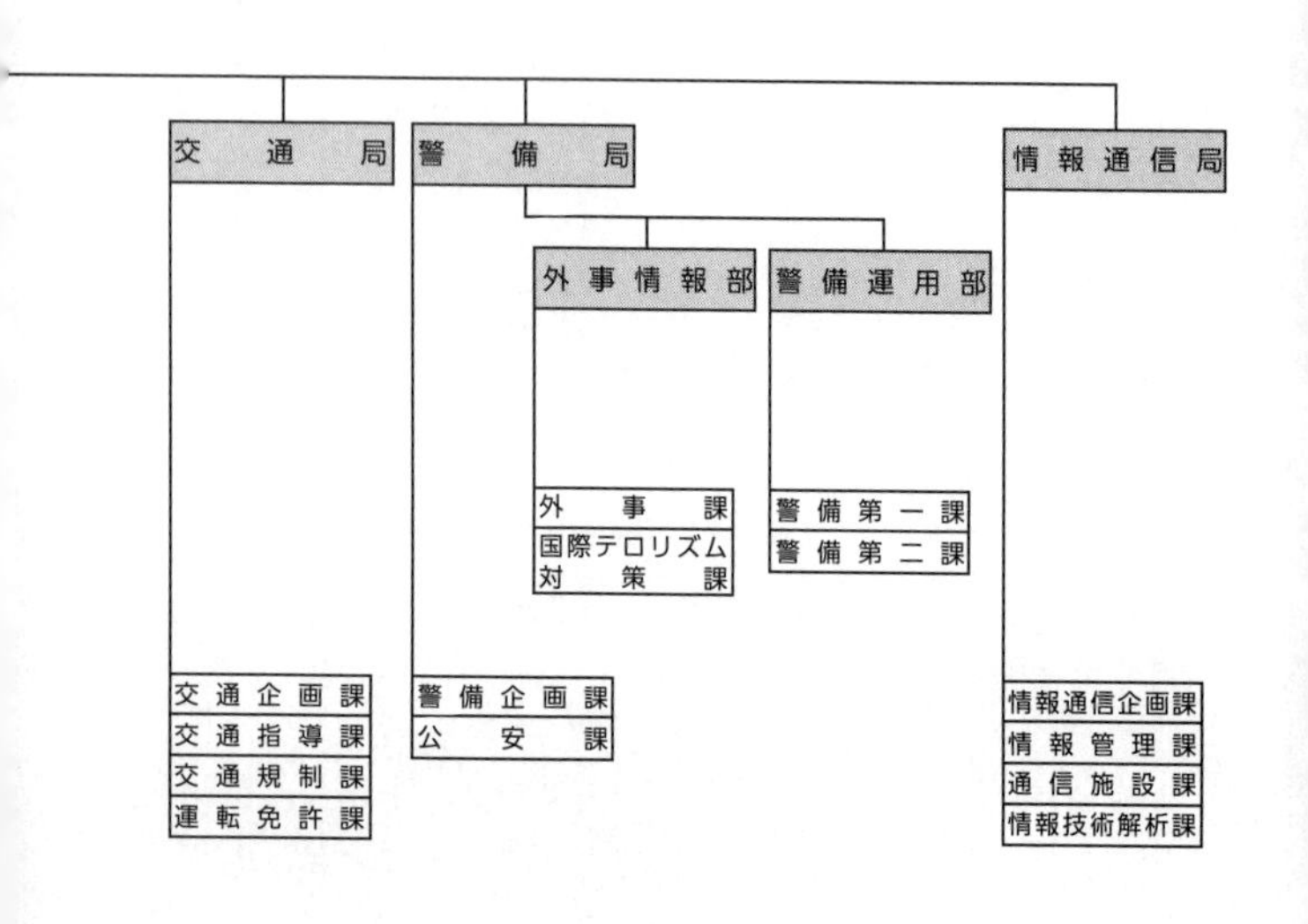
交通局
警備局
情報通信局
外事情報部
警備運用部
外事課
国際テロリズム対策課
警備第一課
警備第二課
交通企画課
交通指導課
交通規制課
運転免許課
警備企画課
公安課
情報通信企画課
情報管理課
通信施設課
情報技術解析課

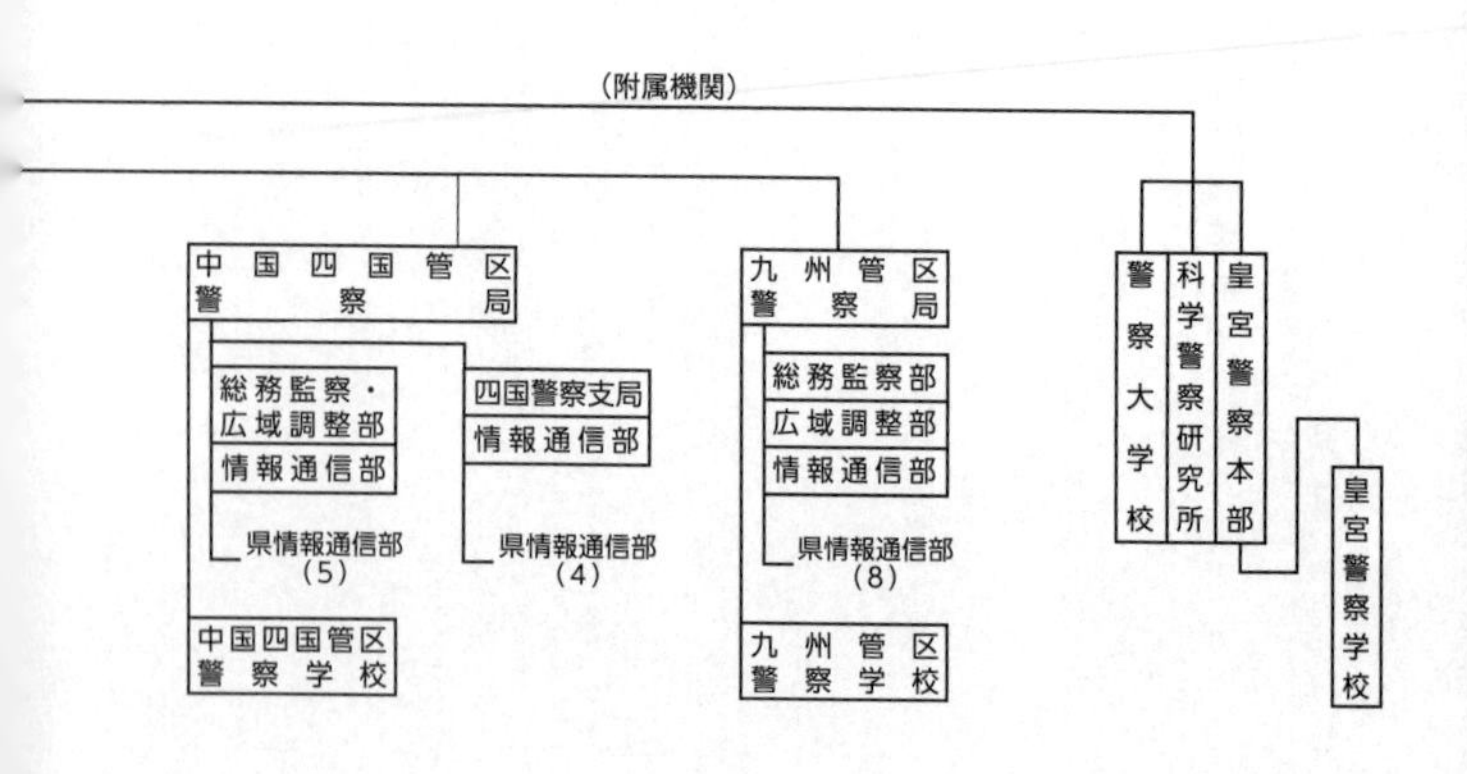
(附属機関)
中国四国管区警察局
総務監察・広域調整部
情報通信部
四国警察支局
情報通信部
県情報通信部
(5)
県情報通信部
(4)
中国四国管区警察学校
九州管区警察局
総務監察部
広域調整部
情報通信部
県情報通信部
(8)
九州管区警察学校
警察大学校
科学警察研究所
皇宮警察本部
皇宮警察学校

図1　警察庁組織図

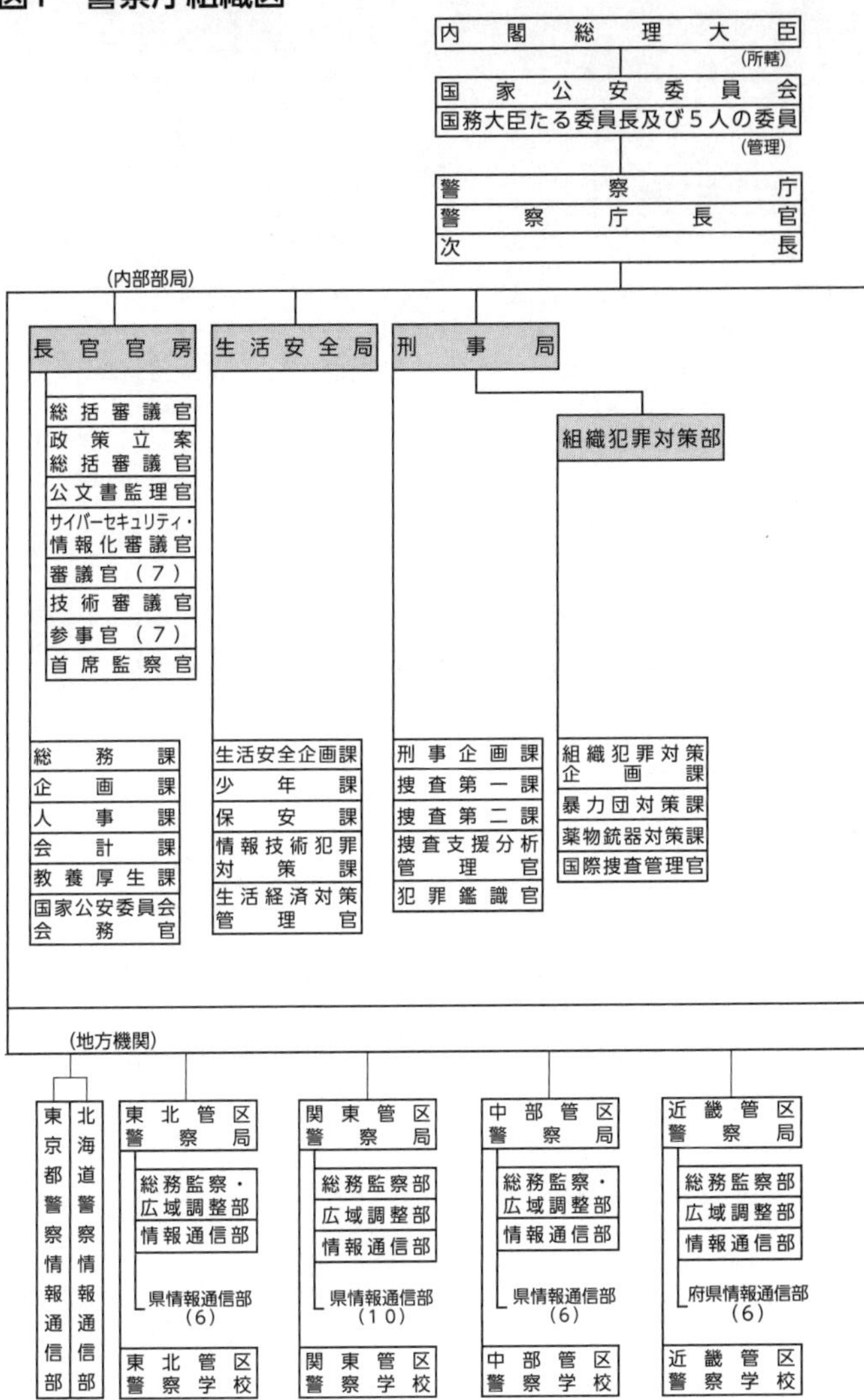

内閣総理大臣
(所轄)
国家公安委員会
国務大臣たる委員長及び5人の委員
(管理)
警察庁
警察庁長官
次長
(内部部局)
長官官房
総括審議官
政策立案総括審議官
公文書監理官
サイバーセキュリティ・情報化審議官
審議官(7)
技術審議官
参事官(7)
首席監察官
総務課
企画課
人事課
会計課
教養厚生課
国家公安委員会会務官
生活安全局
生活安全企画課
少年課
保安課
情報技術犯罪対策課
生活経済対策管理官
刑事局
組織犯罪対策部
刑事企画課
捜査第一課
捜査第二課
捜査支援分析管理官
犯罪鑑識官
組織犯罪対策企画課
暴力団対策課
薬物銃器対策課
国際捜査管理官
(地方機関)
東京都警察情報通信部
北海道警察情報通信部
東北管区警察局
総務監察・広域調整部
情報通信部
県情報通信部(6)
東北管区警察学校
関東管区警察局
総務監察部
広域調整部
情報通信部
県情報通信部(10)
関東管区警察学校
中部管区警察局
総務監察・広域調整部
情報通信部
県情報通信部(6)
中部管区警察学校
近畿管区警察局
総務監察部
広域調整部
情報通信部
府県情報通信部(6)
近畿管区警察学校

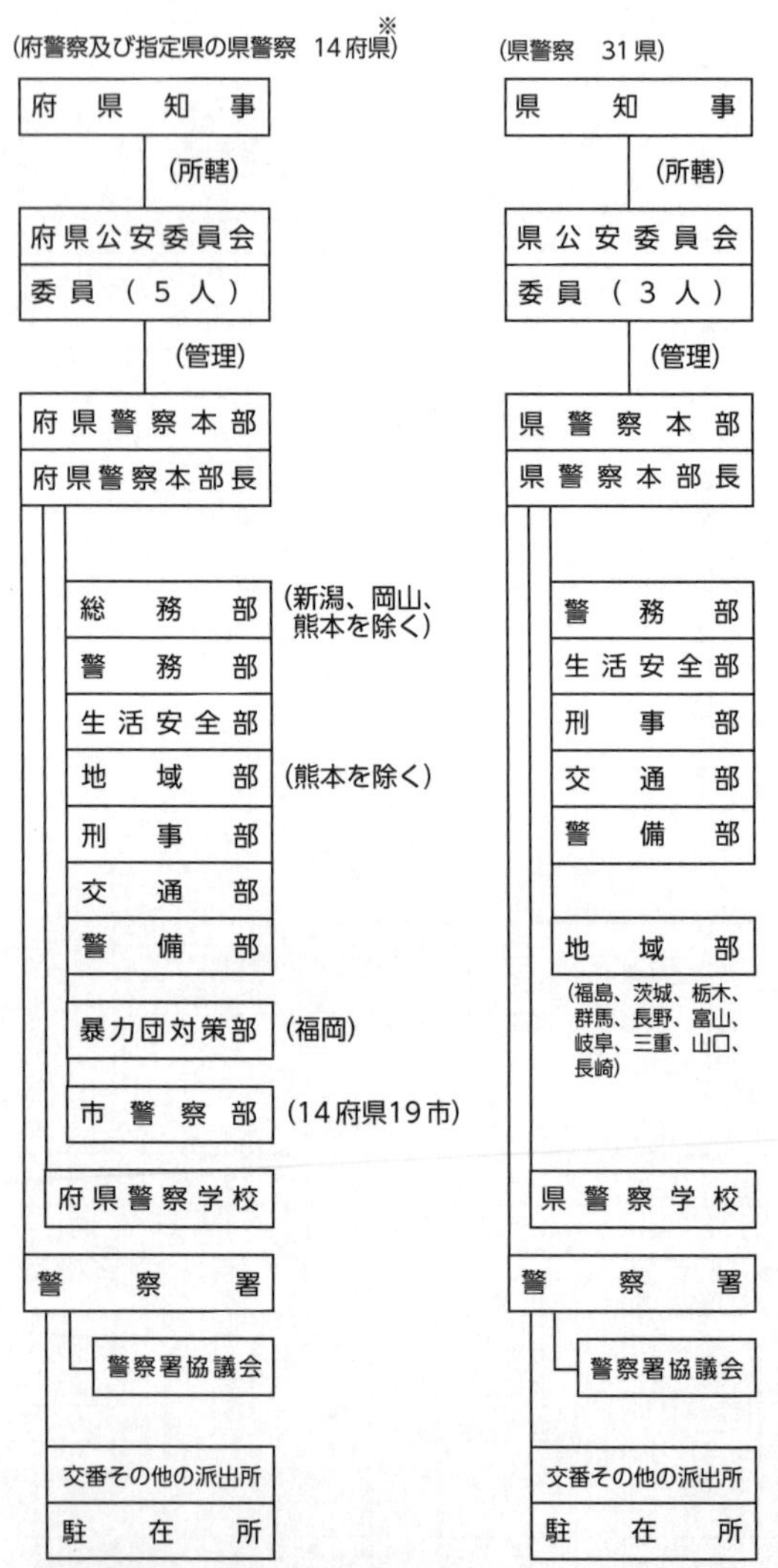

※大阪府、京都府、及び宮城、埼玉、千葉、神奈川、新潟、静岡、愛知、兵庫、岡山、広島、福岡、熊本の12県

図2　都道府県警察組織図

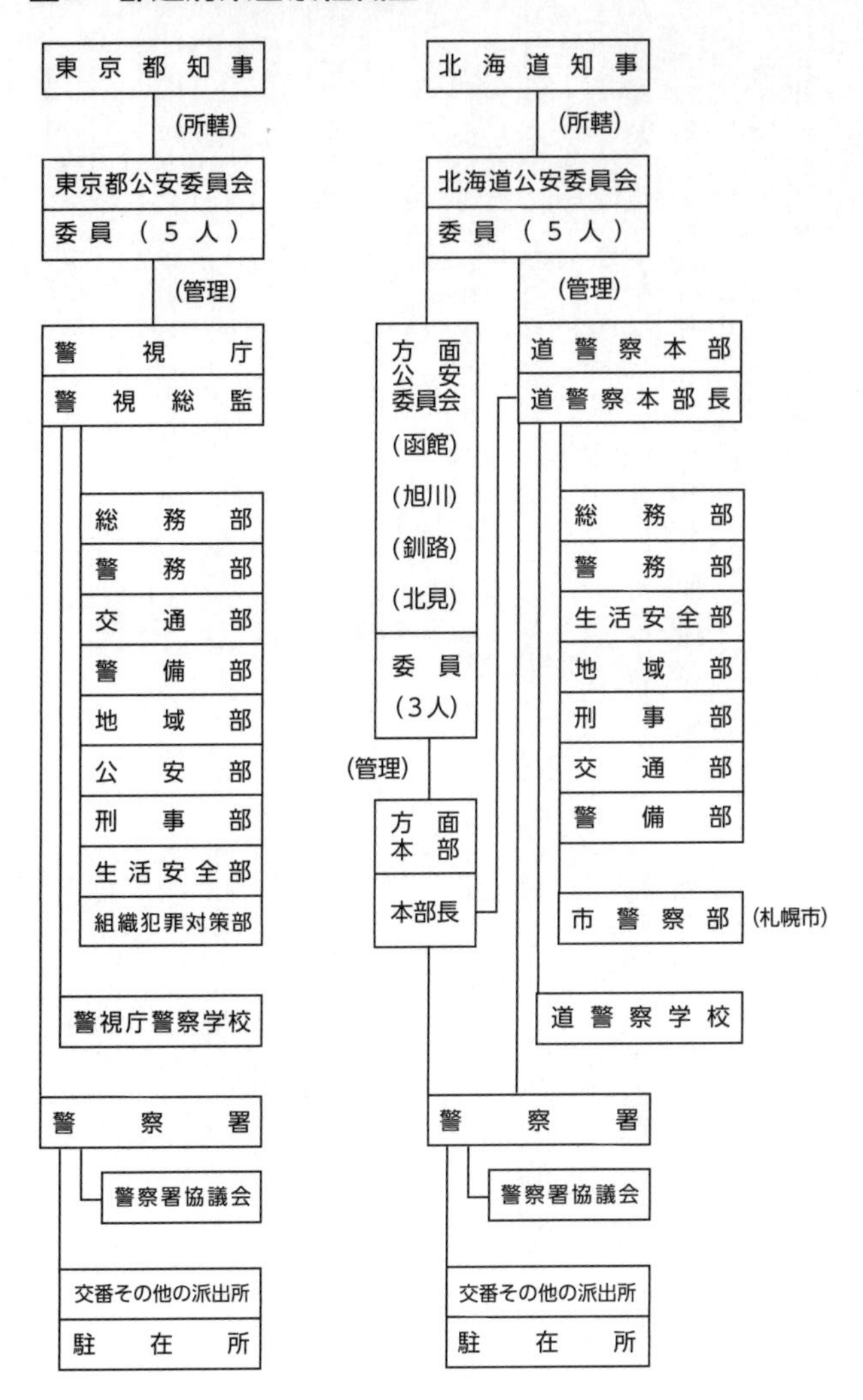

験に追われる生活だ。

ただ、警部から上の警視、警視正、警視長に昇任する場合には筆記試験はないが、一方でポストに空きがなければ昇任しない。

そして、ノンキャリアの昇任は警視長までだ。警視監、警視総監にはならないというか、なれない。たとえ警視長まで昇任したとしても、その時にはすでに定年年齢の60歳に限りなく近くなっている。そこで定年を迎えることになるから警視監、警視総監にはなることはできない。もっとも警視総監は東京都にある警視庁のトップ、たったひとりだけの階級だ。

目安で言えば都道府県警察の警視正とは大規模署の署長もしくは本部の部長にあたる。県警本部の部長とは本部長のすぐ下の職位だから、県の治安を預かる大きな権限を持つ。ノンキャリアで入って都道府県本部の部長まで行けば大したものと言えよう（図3）。

なお、東京大学、京都大学を出ても地方採用として警察組織に入る人間がいるのは自分が生まれた町の治安をよくしたい、加えて、現場で犯人を追いかけたいというふたつの気持ちが主ではないかと思われる。警察庁で法律を作ったり、管理職になるよりも「オレは一生、現場の刑事として事件を解決したい」という人の気持ちはよくわかる。刑事は休み

図3　警察官の階級

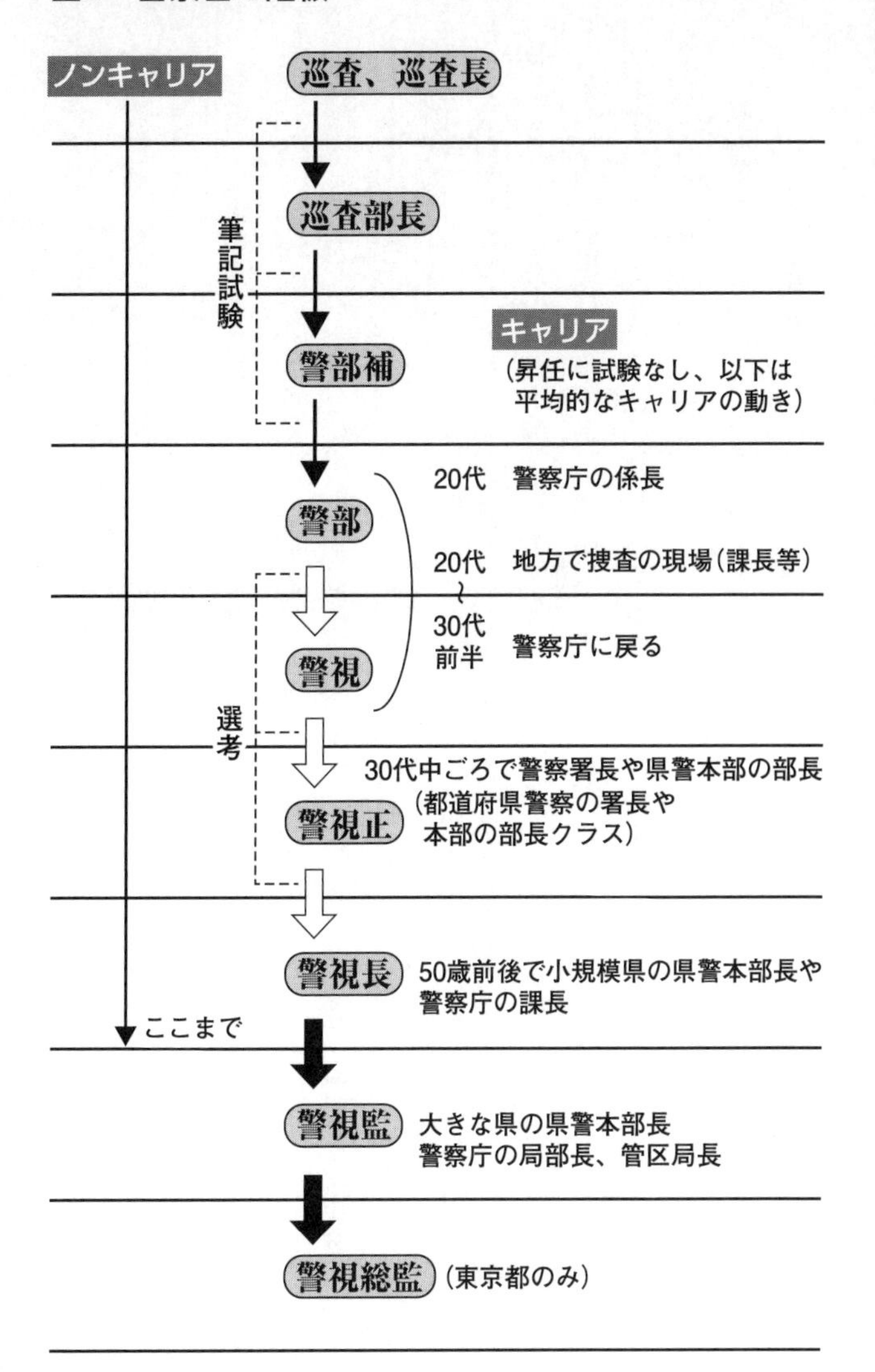
ノンキャリア
巡査、巡査長
巡査部長
筆記試験
警部補
キャリア
(昇任に試験なし、以下は
平均的なキャリアの動き)
20代　警察庁の係長
警部
20代　地方で捜査の現場(課長等)
~
30代前半　警察庁に戻る
警視
選考
30代中ごろで警察署長や県警本部の部長
(都道府県警察の署長や
本部の部長クラス)
警視正
警視長
50歳前後で小規模県の県警本部長や
警察庁の課長
ここまで
警視監
大きな県の県警本部長
警察庁の局部長、管区局長
警視総監
(東京都のみ)

も少ないし、大変な仕事だけれど、人のために尽くす仕事だ。やりがいという意味では命を救う医師、消防士に匹敵する。

さて、階級の話に戻る。

警察庁に入ったキャリアのスタートは警部補だ。以後の昇任にも試験はない。警察庁内と全国各地の警察本部を異動しながら経験を積んで地位は上がっていく。

警察庁に入った後、地方に出て交番や捜査の現場を経験する。その後、警察庁に戻り、係長として行政実務を担当する。30代中ごろになってから現場の警察署長、もしくは県警本部の部長になる。

50歳前後で警視長になるので警察庁の課長や小規模県の県警本部長をやり、その後警視監として大きな県の県警本部長になる。

その後、警察庁に戻ってきたら、警察庁本庁の部長、審議官、局長を務める。

本庁の局長職は5つ。別に長官官房がある。5つとは生活安全、刑事、交通、警備、情報通信の各局だ（20ページ図1）。

各県警本部には地域部（交番のおまわりさんや白バイ警官が所属する）、公安部（国家体制を揺るがすような事案に対応する警備警察で、東京都のみにある）があるけれど、警察庁にはそれに該当する局はない。地域部は現場の仕事だから、中央官庁の警察庁には必要ないのだろうし、公安は警備局のなかに含まれている。

また、警察庁は2022年から、サイバー攻撃やサイバー犯罪に対処する体制を強化するため、「サイバー局」を新設することにした。警察庁が直轄する「サイバー直轄隊」も設置する。これにより、現場の捜査権限は都道府県が持つ従来の警察のあり方が変わることになる。

警察庁長官と警視総監

テレビのクイズバラエティでは「警察庁長官と警視総監はどちらが偉いのか」といった問いが出る。ためらうことなく、「警視総監」と答える人がいるくらいだから、世の中の大半はどちらが偉いのかよりも、まずは警察庁と警視庁の違いがわからないのではないか。

国税庁、資源エネルギー庁、海上保安庁、公安調査庁など、「庁」が付くのは国の組織だ。警察庁もしかりである。そして、「庁」は、府や省の「外局」として置かれているものを言う。

ところが、警視「庁」だけは国の組織ではない。東京都に属するのに、庁が付くところが、ややこしい。警視庁は東京都にある都道府県警察のこと。神奈川県警や北海道警と同格だけれど、呼び名が警視庁となっているだけだ。

どうして？と問われたら、明治以来の由緒正しい呼称だから変えられない、と答えるしかない。

長官は国税庁にも海上保安庁にもいるけれど、総監と名の付く人物は日本では、たったひとりだ。

「総監の方がいかめしそうだし、偉いんじゃないか」と認識する人がいても仕方のないことだろう。

だが、事実は警察庁長官がもちろん警察組織全体のトップだ。

警視総監は東京都の警察組織、警視庁のトップである。警視総監は警察組織全体では序列は2番目と書いてある資料もあるけれど、実際は違うと思う。

というのは警察庁のナンバー2は警察庁次長だ。ナンバー3は官房長。そして、官房長、次長を務めた人は長官に昇任するのが通例だ。また、次長と警視総監の入庁年次や年齢を見ると、次長の方が警視総監よりも年次が古い。つまり、先輩なのである。

ただし、ここにもまた例外がある。95代の三浦正充警視総監（２０１８～20年）は「24

図4　指定職の給与

代表官職	号俸	在職者数	俸給月額
本府省の局次長、部長、審議官、外局の次長	1	0人	706,000円
	2	129	761,000
	3	518	818,000
本府省の局長	4	155	895,000
	5	89	965,000
外局の長官	6	18	1,035,000
内閣府審議官等	7	31	1,107,000
事務次官	8	18	1,175,000

(注) 令和２年４月１日現在。ただし、在職者数は令和元年７月１日現在
（出典　：一般職国家公務員在職状況統計表）


年ぶりに警察庁次長から就任」だった。

　そして、彼以外の歴代総監の前職を見ると、警備局長、官房長、刑事局長だった人もいる。つまり、警視総監は局長を務めてから就任するポストだ。

　一方、警察庁長官は前述のように別格の局長とも言える官房長になり、そして次長を経てから就く。年齢にすると、2歳くらい、警察庁長官の方が年上になる。

　わたしの見たところ、警察組織全体の階級序列は長官、次長、官房長、そして、警視総監となるのではないか。

警察庁長官と警視総監の報酬

給料も長官は指定職（注）では最高の

8号俸で、総監は7号俸。

長官は各省の事務次官と同じ額で、事務次官等連絡会議にも出席する。つまり、各省の事務次官と同格だ。

一方、警視総監の給料は内閣府審議官、公正取引委員会事務総長、財務官、外務審議官など、各省の審議官、国税庁長官、海上保安庁長官と同じ俸給である。

指定職の年俸とはあくまで本俸で、これに地域手当がつくから本俸の1・2倍くらいにはなる。

ただし、フェアな意見としては公務員幹部の給料は民間会社の社長に比べると、安い。総理大臣でさえ年間4049万円だ。総理大臣の責任の重さ、年中無休の24時間営業を考慮すると、総理大臣の俸給は外資系企業エグゼクティブ、外資系金融マンの給料と比べると、不当とも言えるくらい安い。

よほどのインフレにでもならない限り、総理大臣や大臣の俸給は上がらないだろう。国会議員が総理大臣や公務員幹部のそれを増額する法律を提案することは考えられないからだ。ただ、国家公務員幹部ともなれば子どもも成長しているだろうし、趣味を楽しむ時間もない。食事もすべて仕事上の会合と言っていいから、お金を使うシーンはほとんどないと思える。

注　指定職とは事務次官、外局の長、試験所又は研究所の長、病院又は療養所の長などが該当し、一般職国家公務員のなかでも最高幹部を指す。

階級や序列と並んで重要なのは入庁年次と重大事件に遭遇したかどうか

ここまで階級、序列について、書いたけれど、わたしの調べたところでは、警察という組織で、階級、序列と共に重んじられているのは入庁年次、任官年次だと思う。

旧陸軍では「星（階級）の数よりメンコ（食器のこと）の数」とされ、軍隊で何年、生活していたかが重要だった。メンコの多い古参軍曹は新任の少尉を呼びつけてマウンティングしていたと書いてある本もある。

警察組織も軍隊同様、男子中心のマッチョな世界だから、キャリア、ノンキャリアの別よりも、現場では年長者の意見が通りやすい。

「なぜ、どうして、そんなことがわかるの？」と聞かれたら、長く取材しているし、警察庁長官経験者からもそうした例を聞いたことがあるからだ。

たとえば……。

「若くして警察署長になったとする。殺人事件の捜査方針に対して大学を出たばかりの署長がリードできることはない。地元で長く働くノンキャリアが捜査を進める」

こうしたことは警察内部の人間からも聞いた。

ただ、民間会社でも現場を持つところは同じようなことがあるのではないか。大学を出た若造が、工場へ行って、「鍛造工場のベルトコンベアのスピードを上げろ」と指示したとしても、現場の人間はちゃんとした根拠がなければ従わない。

そうしてみると、日本の会社は軍隊、警察に限らず、「星の数よりメンコの数」的な構造がある。

また、わたしは警察関係者と20年近く付き合っているけれど、同じ席で食事をしているうちに感じたのが、やはり「星の数よりメンコの数」だ。退官した後の警察幹部たちが礼節として意識しているのは先輩、後輩の間柄なのである。入庁年次が上の幹部に会ったとする。自分の方が肩書が上であったとしても、「先輩」と呼んで敬う。

それを見ていて、わたしは警察庁キャリアの世界は男子だけの中高一貫校みたいだなと感じた。

そして、警察庁キャリアのなかで、重んじられるのは「星の数より事件の数」である。在籍中、大事件に遭遇した長官、総監は平時の在任者よりも、風格が増すというか、激戦の戦場から帰った老将軍といった気配を身にまとう。

警察関係者が名長官として名を挙げるのが「カミソリ後藤田」「日本のジョゼフ・フーシェ」と呼ばれた後藤田正晴、第6代警察庁長官だ。

退官後、政界に入って副総理にまでなるのだから極めて優秀な仕事師なのだろうけれど、長官在籍中には大事件が頻発している。

任期は１９６９年から72年までの３年間だが、その間、起こった事件は以下の通りである。

よど号ハイジャック事件、瀬戸内シージャック事件と犯人射殺、三島由紀夫割腹事件、成田空港建設反対闘争で機動隊員３名死亡、あさま山荘事件、連合赤軍の群馬県妙義山での12人リンチ殺人、テルアビブ空港乱射事件……。

後藤田長官は頻発する重大事件に対してパニックになることなく、冷静に対処している。しかも、舌鋒（ぜっぽう）鋭いというか、人を食った発言が残っていて、それがまた彼の魅力と奥の深さともなっている。

以下は長官時代の発言からだ。

「新聞は警察官が過激派の火炎びんを浴びて殉職すると『死亡』と書く。どうして『殺人』と書かないんだ。あれは誤報だ」（鈴木卓郎『警察庁長官の戦後史』ビジネス社）

この発言を聞けば第一線の警察官たちは快哉(かいさい)し、後藤田正晴を尊敬し、信頼するだろう。ただし、一方で、身内に対しても遠慮はしない。叱る時は厳しい。

「『暗い夜道の一人歩きはやめましょう――警視庁』というあの看板、あれはなんだ。暗い夜道を一人で歩いても大丈夫なようにするのがわれわれの役目じゃないか。警察の無能、無策を宣伝するようなあの看板はすぐに撤去せよ」（同書）

政治家に対してもひるまない。

「きょう、某大臣に会ったら『後藤田クンのゴルフは、よくボールが飛ぶそうだが、どんなショットをするのか』と聞かれたんだ。そこでセンセイ、ゴルフなんて簡単ですよ。あの小さなボールをバカな政治家か、意地悪な新聞記者の頭だと思って力いっぱい殴りつけるんですよ。よく飛びますよって答えてやったよ」（同書）

もうひとり名長官と呼ばれている第16代長官、國松孝次もまた災害、大事件に遭遇した。長官時代の1995年には阪神・淡路大震災があり、さらに地下鉄サリン事件を始めとする一連のオウム真理教事件が起こった。そのうえ、警察庁長官狙撃事件の被害者となった。3発の銃弾を浴びながらも復帰し、警察トップの威信を守った。普通の人間なら1発でもショック死するところだけれど、彼の場合は気力と体力があったのだろう。殺されずに生き残ったことが警察官全体の士気を高めたと言える。

「狙撃犯を捕まえられなかったじゃないか」と猛烈な批判を浴びたけれど、死ななかったことが警察の威信を守った。それが第一の勲功ではないか。

ただし、撃たれてしまったことについては、彼と警察組織の不徳だ。同情の余地はない。しかし、狙撃事件以降、警察全体が警護を見直すきっかけとはなった。

彼もまた後藤田正晴と似て、そして、歴代長官の常として、正義感が強い。不羈(ふき)でもある。

阪神・淡路大震災の時は誰よりも早く現場に姿を現して、現場を督励するとともに被災者を見守った。暴力団対策法を作り、また、被害者救済の道を開いたのも彼だ。

長官を退いた後の仕事

警察庁長官を退いた後、普通は民間会社の顧問になる。ひとつと言わず、ふたつや3つとやっている人も多い。なかには第19代長官の佐藤英彦のように弁護士という人もいる。佐藤元長官は法律に詳しい人で、現役時代もずっと法律に関する仕事をやっていたから、その方が幸せなのだろう。

インタビューしたときに尋ねてみた。

「佐藤さん、弁護士ですよね、もし、私が警察に捕まったら、顧問弁護士になってくれますか？」と聞いたら、笑って、首を振った。

「それはできません。法廷に立つ弁護士ではなく、法律を勉強している弁護士ですから。特にあなたが重大犯罪を起こしたらやりません。罪を認めて心から反省してください」

そう言って、ふふと笑った。学究なのである。そういう人もまた警察庁の長官だ。

さて、長官退任後、民間会社の顧問であれば、経済的には恵まれるだろうし、それほど責任のある立場ではないから、ストレスもないだろう。

しかし、それでいいのだろうか。警察庁長官という仕事は中央官庁の事務次官のなかでは抜きん出た権限を持ち、30万人の職員を動かしてきた人間だ。なんといっても毎日、人の命を預かる仕事をしてきたのである。政治家になれば後藤田さんのように官房長官、法務大臣は務まるだろう。

せっかく国家が育成した特級の人材なのだから62歳や63歳で、現役を退くのは実にもったいない。民間会社の「顧問」ではいけない。せめて70歳になるまではこき使った方がいい。彼らは部下の掌握力に優れている。人を見る目がある。事件が起こると、頭のなかに部下の名前を浮かべ、たちまちチームを編成して事にあたらせる能力を持っている。

彼らの能力に値する仕事は顧問ではなくCEOだ。向いているのは老舗の大企業よりもベンチャー企業、スタートアップ企業だ。新進気鋭の企業にとっては毎日が危機で、毎日がチャンスだ。危機管理に力を発揮する警察庁長官はベンチャー企業のCEOにぴったりではないか。警察庁長官は退官後、小さな船に乗って荒れる海へ乗り出していくべきだろう。

わたしは退官した長官たちと時々、会うけれど、彼らの持つ国家や世界に関わる情報は精査されているし、確度は非常に高い。いったい、どこで情報を収集しているのだろうと感心する。現役の高級官僚よりもポイントをつかんでいるからだ。

警視総監の方が退任後の働き場所が増えた

もう少し、警察庁長官と警視総監を比べてみる。

すると、近年は警視総監になった方が現役寿命が長いことがわかった。

たとえば、内閣危機管理監という仕事がある。退官した警視総監経験者のすべてがやるわけではない。しかし、内閣危機管理監は警視総監経験者がやる。

1998年にできた内閣危機管理監は内閣法に規定された内閣官房の官職だ。

「内閣危機管理監は、内閣官房長官及び内閣官房副長官を助け、命を受けて内閣官房の事務のうち危機管理（国民の生命、身体又は財産に重大な被害が生じ、又は生じるおそれがある緊急の事態への対処及び当該事態の発生の防止をいう。）に関するもの（国の防衛に関するものを除く。）を統理する」

外国からの攻撃に対処するようなことを除いて、災害、大事故、感染症蔓延（まんえん）への対処行動を統理（統理するとは統一しておさめること。「統括する」と意味はほとんど変わらない）する。平たく言えば、ことが起こった時の危機管理の請負人だ。

内閣官房副長官に準ずる特別職の国家公務員で国家安全保障局長と同位の大臣政務官級となっている。

また、内閣情報官という仕事も警察庁の局長級の退官後にやるケースが多い。

「内閣情報官は内閣情報調査室の長として、内閣官房長官、内閣官房副長官、内閣危機管理監及び内閣情報通信政策監を助け、内閣の重要政策に関する情報の収集及び分析その他の調査に関する事務（各行政機関の行う情報の収集及び分析その他の調査であって内閣の重要政策に係る(かかわ)ものの連絡調整に関する事務を含む）を掌理する」。日本の情報機関の取りまとめ役として、内閣総理大臣に週1〜2回、20〜30分程度の定例報告をしているほか、必要に応じて随時、内外の特異情報に関する分析を総理大臣に直接報告する。

1998年に「法律を根拠とする職」に格上げされ、内閣情報官に職名変更される際に「特別職の事務次官級の国家公務員」とされた。

内閣危機管理監は「統理」で、内閣情報官は「掌理（とりまとめる）」だ。掌理の方が関係者と距離が近い感じがする。事実、内閣情報官は危機でなくとも、総理大臣に週に一度は面会している。

どちらの職も配下のスタッフは少ないけれど、政府と直結している仕事だ。また、任期は決まっていないので、長くやることもできる。

どうだろう、警察庁長官よりも、警視総監をやって、内閣危機管理監に就いた方が長く現役でいられるわけだ。現場で長く働きたい人にとっては長官になれなくとも、特に惜しいとか悔しいとは思わなくなってきたのではないか。

ついでながら、警視総監をやって警察庁長官になった人はひとりだけ。初代警察庁長官の斎藤昇である。ただし、警視総監になったのは戦前で、警察庁長官になったのは警察庁が発足したのと同時だ。あくまで例外であり、警視総監をやってから警察庁長官になることはない。では、警視総監と警察庁長官の分かれ目だが、複数の長官経験者は「わからない」と答えている。國松孝次は「警視総監は現場の親方」と言っていたから、「あいつは現場が好きだと思われた人」が選ばれるのだろう。

国家公安委員会と警察庁

ここでは警察という組織の仕組みについて触れる。

日本の役所（行政機関）の制度のなかでも特殊なのが、警察組織と公安委員会の関係だ。警察法の第二章には国家公安委員会についての規定が書いてある。

「第五条第四項

国家公安委員会は、第一項の任務を達成するため、次に掲げる事務について、警察庁を管理する。」

第一項の任務とは「国の公安に係る警察運営をつかさどり、警察教養、警察通信、情報技術の解析、犯罪鑑識、犯罪統計及び警察装備に関する事項を統轄し、並びに警察行政に関する調整を行うことにより、個人の権利と自由を保護し、公共の安全と秩序を維持すること」だ。

そして、「次に掲げる事務」には26項目があり、警察に関する制度の企画及び立案から始まって、日常、警察がやっている仕事のすべてが載っている。

財務省、外務省など日本の役所は総理大臣及び各省大臣の指揮下にある。総理大臣は衆議院議員から選ばれる。各省大臣は普通は国会議員、職業政治家である。むろん、各省大臣を選ぶのは総理大臣だ。

一方、警察庁だけは総理大臣でもなく、警察大臣でもなく、国家公安委員会という独立合議制の機関が管理する。

つまり、警察庁長官を選んで地位につけるのは総理大臣ではなく、総理大臣が選んだ委員からなる国家公安委員会だ。形式では総理大臣という政治家の意思が直接働かないようなシステムになっている。

警察庁長官になるのは政治家や民間人ではない。警察官と決まっている。警察組織のなかから候補者が出てきて、国家公安委員会はその候補を長官にする。

どうして、警察大臣はいないのか。それは警察組織を「政治的に中立にしておくため」だ。

もし、警察庁が警察「省」となったとする。警察大臣になるのは与党の政治家だ。毎年のように、とまでは言えないが、政治家はバレるのがわかっているのに、たびたび贈収賄事件を起こしたり、選挙違反をやる。

もし、与党の政治家が警察大臣だったら、味方の党の政治家の事件はもみ消して、反対党の政治家はすぐに逮捕するだろう。

政治家の大半は清廉な人たちだ。しかし、なかには「バレることがわかっているのに収賄する」政治家がいる。だから、政治家を警察大臣にはしない仕掛けが国家公安委員会だ。

また、警視庁や各都道府県の警察本部もまたそれぞれの公安委員会の管理下にいる。地方の政治家も全員ではないけれど、やっぱり悪いことをする人間もなかにはいるからだ。

世界の国では国家公安委員会のような行政委員会が警察を管理するといったシステムはまずない。それぞれの大臣が警察組織を指揮、運営している。では、世界の国の政治家は全員、清廉潔白なのだろうか。そんなことはないだろう。それでも公安委員会のようなシステムはない。

国家公安委員会が警察を管理するというシステムは、戦前、戦中の日本の国家体制を根本的に変えようとしたGHQが戦後に持ち込んだものだけれど、日本には適合したし、定着している。

国家公安委員会の「管理」とは

国家公安委員会の存在意義は、政治的中立性の確保と実行力を持つ30万人の警察組織の民主的なコントロールであり、その権限は「管理」だ。

管理とは命令、指示ではないし、指揮監督でもない。やっていることを聞いて、それに対して意見を述べるのが管理。だから、「こうやりたい」「こうしました」といった警察庁からの報告を受ければ、それに対して意見を述べる。警察のやっている捜査に対して「こいつではなく、あいつを捕まえろ」と強制的に指示できるわけではない。

国家公安委員会は行政委員会で政府の一員だ。全員で6名。うち、委員長は大臣で、大臣を任命するのは総理大臣。残りの5人の委員も任命するのは総理大臣である。任免にあたっては衆議院と参議院の同意がいる。総理大臣の意思が働くけれど、実質的には官僚たちが推薦している。そして、国家公安委員会は多数決で警察を管理する。

国家公安委員会における委員長も奇妙な存在だ。委員長は委員から選ばれるわけではない。国家公安委員長は委員長という役割を持つだけで、基本的には多数決にも参加しない。ただし、委員が決を採った時、可否同数になった場合は委員長に表決権が与えられる。

このあたり、ちょっとややこしいので説明するけれど、委員長は政治家だから、意思が抑えられているのだろう。

そして、「5人の委員が可否同数になる」といった状況とはひとりが欠席したとか棄権したというケースだ。いずれにせよ、委員長は委員の評議を見守る立場にある人という意味付けがなされている。

それほど、警察という組織は独立が保たれていて、その代わりに政治的な中立性を求められている。

先にもふれたが各都道府県にも公安委員会がある。委員の人数は県の大きさによって異なる。都道府と大規模県の場合、公安委員は5人、その他の県は3人と決まっている。委員は有識者のなかから都道府県知事が任命する。といっても、知事がひとりひとりを自分で選ぶわけではない。裁判官、弁護士と言った法曹関係者、一流企業のトップ経験者といった有識者を県庁の担当が推薦してきたなかから選ぶ。任命にあたっては国と同じように議会の同意が必要だ。

都道府県公安委員会の役目は国家公安委員会と同じで、警察の管理だ。大綱の方針を示し、報告を受けて意見を述べる。ただし、都道府県の公安委員会の委員長は委員のひとりで、互選で決まる。委員長も表決権を持っている。この点だけが国家公安委員会と都道府県の公安委員会で異なる。

ただ、先ごろ、使途不明金を出した全日本私立幼稚園連合会の前会長が某県の公安委員を務めていて、辞職したことが明らかになった。

某県の公安委員は3名だ。うち、ひとりが使途不明金を出した。国家、都道府県ともに公安委員になる人間を精査するとともに、任期は3年限りとして、再任はさせてはいけない、とわたしは思う。ついでに使途不明金を出した委員を推薦した人間を明らかにするべきだ。公安委員とは清廉で知的で人情にあふれて庶民に愛される人が就く職務ではないか。

第二章

警察の現在動向

犯罪も交通事故も減っている。しかし、捜査に関する仕事は増えている

犯罪白書（令和元年版）を見ると、犯罪、交通事故も、ともに減っていることがわかる。

刑法犯の認知件数は2002年の285万3739件をピークに減少し、2018年で81万7338件。検挙率は平成期の前半では低下傾向だが、後半では上昇傾向にある。犯罪の件数が減ったから、検挙にあたる警察のマンパワーが相対的に増えたのだろう。

減っているのは窃盗だ。ここのところ戦後最少を更新し続けている。気になるのは特殊詐欺である。認知件数は2011年から増加している。ただ、2018年だけは前年比9・4％減っている。

特殊詐欺とあおり運転はニュースに取り上げられる頻度が高い。このふたつが話題になっている限り体感治安はなかなかよくはならないだろう。

交通事故も近年は減っている。ピークは2004年の95万2720件で、2018年は43万601件。コロナ禍で緊急事態宣言が発出された2020年は30万9178件だ。前年比で19・0％も減少している。なんとピーク時の3分の1以下になった。

では、なぜ、犯罪は減ったのか。

減っているのは2002年以降だ。当時、増えつつある犯罪件数を見て、警察組織は震撼（しんかん）し、警察庁長官、佐藤英彦が犯罪を減らすことに大号令をかけた。

そして、さまざまな施策を打ち出した。

2003（平成15）年の犯罪対策閣僚会議では次のような施策を発表している。むろん、起案したのは警察庁のキャリア官僚だ。

「犯罪に強い社会の実現のための行動計画
——世界一安全な国、日本の復活を目指して」

1　平穏な暮らしを脅かす身近な犯罪の抑止
　地域連帯の再生と安全で安心なまちづくりの実現、犯罪被害者の保護等

2　社会全体で取り組む少年犯罪の抑止
　少年犯罪への厳正・的確な対応、少年を非行から守るための関係機関の連携強化等

3　国境を越える脅威への対応
　水際における監視、取締りの推進、不法入国・不法滞在対策等の推進等

4　組織犯罪等からの経済、社会の防護

組織犯罪対策、暴力団対策の推進、薬物乱用、銃器犯罪のない社会の実現等

5　治安回復のための基盤整備

刑務所等矯正施設の過剰収容の解消と矯正処遇の強化、更生保護制度の充実強化等

ここにあるような基礎的な治安対策がじわじわと効いてきたから犯罪が減少したのだろうが、ある長官経験者に聞いてみると、「ポイントはふたつ」と言った。

「入国管理を厳しくしたことで外国人の犯罪者が減ったこと、もうひとつは街頭に設置された防犯カメラだ」

特に防犯カメラについてはカメラもそれを使った捜査手法もともに進化したこともあり、効果を上げている。

しかし、防犯カメラを使った捜査とはただ、画面を見ていればそれで済むわけではない。カメラがなかった頃よりもかえって、人手を取られるようになった。警察にとってITの発達はいい面とそうではない面がある。時間と人手がかかる典型だったのが渋谷で起こったクレイジーハロウィーン事件である。

クレイジーハロウィーン事件

２０１８年のハロウィーンから2か月後の年末のことだった。警視庁は渋谷交差点近くの雑踏で軽トラックを横転させた４人を逮捕した。事件にかかわったのは外国籍を含む17〜37歳の男、計15人である。いわゆる「クレイジーハロウィーン事件」の犯人たちだ。

ニュースを動画で見た人も多いと思うが、あの日の渋谷には仮装した人、見物に来た人など約４万人であふれかえっていた。お面やマスクをかぶっていた人間もかなりの人数だった。

それなのに捜査官たちは防犯カメラを見て、その後を追跡、犯人を特定したのである。目が充血するのもいとわぬ捜査で容疑者を追い詰めたのだが、近年はこうした捜査が増えているのである。

捜査が始まったのは事件の翌日からだ。警視庁は所轄の渋谷署だけでなく、他の署からも捜査員を集め、渋谷を中心に合計約２５０台の防犯カメラの映像を回収した。捜査員たちは容疑者の画像を追い、容疑者が使ったとみられる最寄りの駅でＩＣカード乗車券の履歴を調べた。また、容疑者が降りたと思われる駅すべてに聞き込みをし、追跡したのである。

　こうした捜査手法が主流になっていくと犯罪は減っているにもかかわらず、仕事は膨らんでいく。画面を見るだけではなく、裏付けのために駅などへの聞き込みをしなくてはならないからだ。捜査員は目も使うし、体も酷使する。

　いくらＡＩが画面を分析するようになっても、結局のところ、容疑者の家を訪ねたりするのはロボットではない。対人捜査は警察官が行わなければならないから、現場の仕事は減らない。

　警察が直面している大きな課題は捜査手法が多様化したために業務の種類が増えたことだろう。加えて、本書の冒頭で紹介したような犯罪捜査以外の市民サービス的な仕事も増えている。

　業務の量が増えていることに対して、警察庁長官と幹部はどう判断するのだろうか。

　警察庁長官が、今やらなくてはいけないのは警察の本質を新たに決め、それに沿った未来の姿を考え、庁内に示すことではないか。

　ただし、任期が2年から3年というなかで、ひとりの長官が警察の将来を決定することは簡単ではない。

民間会社の敏腕社長であれば5年から6年の在職中に長期的な計画を立てることができるし、新分野にも足場を築くことができる。一方、警察庁長官の任期を延ばすのは難しいだろうから、2年から3年の間に通常業務とは別に警察の仕事を革新的にしたり、新分野を追加することは極めて困難だ。

市民としては、警察の守備範囲が広がるのは困ることではない。一方で、何から何まで担当してもらわなくともいいとも思っている。

戦前に実在した特高のような思想警察、衛生警察（警視庁及び府県警察部衛生課。感染症対策から飲食店の食事、医療の一部まで担当）が出現するのは困る。

「警察の仕事はここからあそこまでですよ」とはっきりさせてほしいのである。

警察の本質――第二条で縛られた組織

警察官なら誰もが知っていて、暗記している法律がある。

警察法の第二条第一項がそれだ。

「警察は、個人の生命、身体及び財産の保護に任じ、犯罪の予防、鎮圧及び捜査、被疑者の逮捕、交通の取締その他公共の安全と秩序の維持に当ることをもつてその責務とする。」

日本の警察のあり方、守備範囲を決めている法律である。

第二条にはふたつの責務が書いてあり、どちらにも軽重はない。ともに大事なものとなっている。

A 「個人の生命、身体及び財産の保護」

B 犯罪の予防、鎮圧および捜査などから始まる「公共の安全と秩序の維持」

世界の警察の場合も両方が責務だが、重点はBの犯罪捜査と公共の安全と秩序の維持だろう。

一方、日本の警察はAの個人の生命、身体及び財産の保護も重要な仕事で、前述のように、この領域は拡大を続けている。そして、遺失物捜査、つまり落とし物を捜すことも市民財産の保護なのである。

ただ、特措法改正のため、今後、新しい感染症が蔓延(まんえん)するたびに何かと言えば警察官は駆り出されるだろう。

しかし、なんでもかんでも引き受けていたら、警察は本来やるべき犯罪捜査に回す人手が足りなくなってしまう。新型コロナウイルスを鎮静させても、窃盗や強盗や詐欺が増えたら、何にもならない。

なんといっても、日本の警察官は世界の警察官よりも忙しい。たとえば彼らは「巡回連絡」をやっている。

巡回連絡とは、交番勤務のおまわりさんが自宅にやってきて、「変わりはないですか？ご家族は何人ですか」などと調べて回る仕事だ。昔は住民も当たり前のように扉を開けて、お茶の一杯も出して話していたけれど、近頃は日中、訪ねても留守の家が多くなった。また、たとえ家にいても、独身女子や高齢者の一人住まいは扉を開けないことが多い。犯罪の抑止、災害防止、住民との良好な関係を保つためには重要な仕事だけれど、交番のおまわりさんにとっては負担の多い仕事でもある。

ただ、巡回連絡がきちんと行われていれば、特殊詐欺の電話の掛け子たちや夜中に豚舎や梨畑で窃盗を繰り返す人間たちがアパートの一室で暮らすような状態の抑止にはなる。市民にとってはありがたいサービス業務なのだけれど、不意打ちのように自宅に来られるのはうれしくはないのが一般の感情だろう。

難しい警察法改正

市民は警察が衛生警察や思想警察になるのは嫌だけれど、生活まわりの支援サービスについてはもっとやってもらいたいと思っている。

たとえば、隣の家がゴミ屋敷だったとする。市役所にいくら連絡してもなかなか返事は来ない。市役所の係員がゴミ屋敷の住人に忠告したとしても、なかなか従わない。しかし、警官が訪ねていくと、それだけで状況は変化することがある。

市民は生活のもめごとに関しては迷惑系ユーチューバーと同じような意識になっている。とにかく面倒くさいことは警察にワンストップでやってもらいたいのである。

警察が「個人の生命、身体及び財産の保護」をやらなければならない限り、その範囲は今後もどんどん増えていく。

余計なお世話なのはわかっているけれど、警察庁長官は増える一方の政府と市民からの要請に対して、どこまで応えるかを決めなくてはならない。

具体的に言えば警察法第二条を改正して、「ここまでが警察の仕事ですよ」と記すことなのだが……。

だが、警察法の改正はこれまた難しい。

かつての長官、後藤田正晴は大学紛争時代、こんなことを言っている。

「自民党は警察に火炎びん処罰法を立法化せよ、といっているが、政治家のいうなりに警察が法案を立案したら大変だ。最後には与野党の取り引き材料になって法案はつぶれ、警察だけが悪者にされる。（略）日本の国会では『警』の字のつく法案なんて交通以外はムリだ」（前掲『警察庁長官の戦後史』）

後藤田の言ったことは今も続いている。国会でも交通、情報通信以外の警察活動についての法案を通すのは簡単ではない。警察法を改正するというと、国民もマスコミも警戒するから、それを乗り越えるのは簡単ではない。他の中央官庁の最大の仕事は法律の企画、立案だ。しかし、警察庁では事実上、その部分に枷（かせ）がはめられている。

第三章

警察の成り立ちと警察庁長官の原型となった3人の長官

国家警察の時代

明治時代から敗戦までの間、日本にあった警察組織は国家警察だった。警察は内務大臣の指揮下にあり、内務省警保局が全国の警察をすべて管轄したのである。内務省は現在の総務省、厚労省、国土交通省を合わせた大きな組織だった。戦前の内務省警保局には保健所機能、つまり衛生警察も含まれていたし、特高という各府県の思想警察も傘下にあった。また、警察トップは内務大臣だったが、実質は内務省警保局長が束ねており、北海道及び各府県など地方では道府県知事が警察トップを兼ねていた。各府県と書いたのは1943年7月までは東京都ではなく、東京府と呼んでいたからだ。

戦前も帝都の東京府には警視庁が設置されていて、トップは府知事ではなく警視総監だった。

東京に警視庁が置かれた（1874年）のは内務省警保局のスタート（1876年）より早く、しかも創設者は日本の警察を作った川路利良（かわじとしよし）である。今に至るも東京都警察本部とならず、警視庁という名称を死守しているのはブランドネームへの誇りと川路利良への敬慕だろう。

戦前の警視庁トップの職名だが、当初は警視長。つまり、「警視庁警視長」。すぐに変わり、警視庁大警視から、警視総監となった。

戦前の警察官はすべて国家公務員だ。北海道の原野にある交番（現実には原野には存在しなかっただろうけれど）勤務でも国家公務員だった。また、公安委員会システムはなかった。内務大臣は政治家だったから、贈収賄、選挙違反に対して党派性をもって指揮したと思われる。反対党の選挙違反を特別に厳しく捜査することくらいはやっていただろう。

ただし、今よりも警察は忙しかった。治安維持と犯罪捜査だけでなく、保健衛生、建築、労働等に関する仕事も所掌していたから飲食店の衛生指導、感染症の防疫、そして、労働争議にも呼ばれていた。

そのうえ、遺失物取り扱い、道案内もやっていたから、市民のよろず相談所でもあった。これは交番（派出所）、駐在所という日本警察独特のサービススポットがあったために、業務が増えていった面もあっただろう。

戦前の警察組織は国家警察、天皇陛下の警察とされているが、実態は市民生活すべてにかかわるサービス業務をワンストップで行っていたと言える。

つねに「おいこら」と市民を呼び捨てにしていただけでは、犯罪捜査の情報は入ってこない。治安維持に支障をきたす。交番、駐在所は市役所よりもはるかに身近なサービススポットだったと言える。加えて、戦前の警察官はサーベルは下げていたけれど、ピストルは持っていなかった。

二・二六事件のような大きな騒乱が起きたとしても、機関砲や機関銃を持った内乱軍に対応する武器は所有していなかったわけだ。軍という強力な武力集団が警察を静かに威圧していた。警察にとって軍は公安委員会よりも厄介な存在だったのではないか。

マッカーサーの警察へ

3年8か月間続いた太平洋戦争が終わり、連合軍が進駐してくると、戦前の警察組織は解体され、改変させられた。

1945年10月、敗戦の翌々月には内務大臣が罷免された。同月には特高警察の職員も罷免され、治安維持法が廃止される。11月には治安警察法が廃止され、翌46年7月には長年、佩用(はいよう)していた警察官のサーベルが禁止された。

GHQは敗戦直後から一度に抜本的な対策に取り掛かったわけではなく、目に付いた非民主的な制度、法律をひとつずつ変えていったのである。

そして、GHQが本格的に警察の組織を変更したのは47年9月、日本政府に宛てたマッカーサー書簡を送付した後からである。マッカーサーは書簡で、内務省、警察に対する処分を決定した。

要旨は次の通りだ。

「日本の警察制度はあまりにも中央集権的である。日本を警察国家に仕上げるために、その支柱をなした制度であり、日本が民主主義国となるためには、この中央集権的な警察制度を打破して市町村の自治体警察に置き換えるべきである」

まず、内務省及び警保局が廃止された。次いで、旧警察法が施行され、警察はたちまち国家地方警察本部（国警本部）となった。

このときに、日本の警察は戦前の大陸式（フランス、プロシア）国家警察から、アメリカ式の自治体警察（市町村警察）に変わったのである。

1948年から6年間、日本の警察は大きく変わった。まず、人口5000人以上の都市には独立した自治体警察が設置された。5000人以下の町村については国家地方警察が担当することになり、本部は東京に置かれた。こうして、全国1605の市町村に自治体警察が発足する。現在、消防は市町村単位で設置されているが、それと同様の警察組織が存在したのだった。

国警本部と自治体警察という組み合わせ体制が登場してから現場は大混乱した。

まず、富裕な市と貧しい村では警察官の給料に格差ができた。装備、制服も富裕な市では上等の制服を着ていたし、装備も完璧だった。一方、小さな村では予算がなかったから、着古しの制服を購入するしかなかった。そして、警察官が数人しか採用できないこともあったため、犯罪捜査にも支障が出た。自治体警察は相互の連携が欠けていたため、犯人は自治体から隣の自治体へ逃れてしまえば警察に捕まることがなかった。

また、自治体警察では警察署や署長の名称を勝手に付けることができた。大阪は東京への対抗意識から「大阪警視庁」を名乗るようになり、釧路署、稚内署もそれぞれ警視庁に改称した。そうなると、いずれもトップは警視総監を名乗る。大阪にも釧路にも稚内にも警視総監が存在したのである。本家で元祖の東京都の警視総監は憤懣やるかたない気持ちだったろう。

マッカーサーが作った戦後の日本警察組織（国警本部と自治体警察）は戦前の警察に比べると弱体で、不都合がいくつもあった。当時、首相だった吉田茂が苦い思い出として書き残している。

「当時の制度は、自治体警察というものを市町村単位に置き、その外に国家地方警察（国警本部）というのがあった。国家警察だというからには、全国を管轄するものかと思っていたら、そうではないということで、自治体警察の置かれていない地区を担当するというだけのもので、戦前の国家警察とは似ても似つかないことがわかった。その上政府の指揮権限、命令権限は全くないのである。自治体警察に対しては無論のこと、国家警察に対しても、政府は命令も指揮もできないというのであった。

このように極端に分散された警察だったから、おのずから弱体であった」（『回想十年』新潮社）

警察制度の設計、運用が不手際だったため、占領下が終わった1954年には、現在も続く警察組織に変わる。警察法が施行され、警察は市町村警察から都道府県警察へと変わった。中央組織も国警本部から警察庁へと変わった。

中央には警察庁（1官房4部〔警務部、刑事部、警備部、通信部〕17課）ができ、地方には都道府県警察が置かれ、機構は一本化されたのである。マッカーサーの警察は6年間という短命な組織だった。

この時に決まった制度は現在まで続いている。地方自治を尊重しながら組織の一体感を出している。

警察庁、その役割の拡張

1954年、警察法が施行され、市町村単位の警察から都道府県単位の警察に変わった。大阪、釧路、稚内の警視庁はなくなり、それぞれの警視総監もいなくなった。東京には元祖の警視庁が置かれ、北海道警、神奈川県警、大阪府警といったなじみのある名称の道府県警ができた。各警察で働いているのはその地域で採用された地方公務員だ。

ただし、地方自治体の警察があまりに独立性が強くなりすぎると、これまた支障が出てくる。東京と神奈川で制服ががらりと変わっていたり、パトカーのデザインが違っていたりしたら、市民が面食らうし、犯人も様々な色のパトカーを覚えていないと逃げられなくなる。公的機関だから、ある種の統一性が必要だ。

また、災害などで国土交通省など他省庁と連携する場合、各都道府県の警察機関が全員そろって他の省庁と交渉するわけにはいかない。

そこで、中央組織である警察庁が必要となり、マッカーサーの警察の頃よりも役割と権限が拡張された。

たとえば、次のようなことが警察庁の果たす役割となった。

全国各地の警察のために法律を作る仕事。人数、給与など警察組織の基準を決めること。警察の装備などの基準を決めること。警察官になるための教育研修の内容を決めること。他の省庁との連携、交渉。外国の警察との連携、交渉。

全国各地にある警察の本部組織であり、司令塔となっているのが警察庁だ。

マッカーサーの警察の頃は予算要求といったものはそれぞれの市町村警察がやっていたし、警察組織の人員、装備なども各警察にまかされていた。道府県警察になってから、地方の警察は大きな組織に改編されたが、中央の警察庁の役割もまた拡張され、増大したことになる。そのため、警察庁長官の存在感も増したことになる。

警視総監と警察庁長官になった男——斎藤昇

都道府県警察と警察庁という体制になった後、現在の警察庁長官の模範となった男が3人いる。

ひとり目は初代長官の斎藤昇だ。斎藤は戦前に東京帝国大学を卒業し、内務省に入り、敗戦直後の1947年には内務次官に就いた。その後、警視総監になり、マッカーサーの警察と呼ばれた時代には国警本部長官に就任。

国警本部の長官となったまま、警察組織が変わると、今度は警察庁長官となった。つまり、警視総監、国警本部長官、警察庁長官という警察関係のトップ3職をすべて経験している。退官後には参議院議員になり、運輸大臣、厚生大臣もやっている。敗戦直後の混乱期に内務省関係の業務すべての組織を発足させ、骨格を決めたのが彼だ。

そんな斎藤の功績はGHQが弱体化させようとした日本の警察と組織を守ったことだろう。

1948年、斎藤はお堀端の第一生命ビルにあったGHQに出頭を求められ、マッカーサーの部下から「初代の国警本部長官に就任しろ」と命令された。

すると、次のようなやり取りになった（以下は前掲『警察庁長官の戦後史』より）。

担当者が「長官就任を受諾せよ」と半ば命令した時、「いや、長官になるよりも警視総監のままでいい」と斎藤は拒否した。

占領軍のGHQは法を超えた存在であり、日本のすべてを決める機関だった。それなのに、「長官になりたくはない」と一度は断ったのである。

GHQは引き下がらなかった。

「新しい国警長官はアメリカのＦＢＩ長官であるエドガー・フーバー氏の地位に相当する。警視総監の任務よりも重い」

斎藤は言い返した。

「諸君の作った制度では、日本国の国警長官にはフーバー氏のような大きな権限は与えられていない。単に行政管理をするだけだ」

「そうではない。国家的事件には国警長官の責任で処理できる。新制度（自治体警察と国警本部）はそういう精神である」

斎藤はそれでもイエスとは言わず、条件を付けた。

「もし、私が国警長官に就任して、法律がその通り運営されないことが明らかになったら、法律を改正していいか」

「ＯＫだ」

斎藤はＧＨＱと話した後、国警本部長官に就任。その後、日本は独立し、マッカーサーの警察を解体し、日本型の都道府県警察を立ち上げた。国警本部長官だった6年の間、斎藤はどういう警察組織が日本に適合するかを模索していたのだろう。今の警察組織の原型を考えて、作りだしたのは斎藤だ。

彼は全国から来た幹部にこう言っている。

「大切なのは制度のきめ方でなく運用である。警察は強力な執行体で、能率的でなければならない。自治体警察との協調について諸君の深甚な考慮を望みたい。国家警察の側が誤った優越感をもって自治体警察に臨み、両者の円満を欠くことは深く反省をし、相手の立場を尊重し自ら進んで協力する雅量を持たなければならない」

斎藤の指摘にあるように、中央の警察庁スタッフが上から目線で地方の警察に命令したら仕事はうまくいかない。

彼の指摘は今も生きている。

さて、斎藤の部下には後に警察庁長官になった人間がいる。新井、後藤田、高橋の3人は斎藤の思い出をこう語っている。

新井裕　元警察庁長官（第5代）

「今の日本警察は世界中で最もすぐれた警察であり、戦前に比し国民の支持はより強いと思う。こういうもとを築いた指導者のひとりは、まちがいなく斎藤さんであった」

後藤田正晴　元警察庁長官（第6代）　副総理　法務大臣

「斎藤さんは僕にとって苦手だった。長官がお呼びですとの電話で長官室に出向いて行く足取りはいつも重かったことを懐かしく思い出す。部屋に入ると、銀ぶち眼鏡の奥から剣道で鍛えた鋭い視線にみつめられながら質問され、一度でうまく答えられた経験を持たない。一寸（ちょっと）待って下さい、調べて来ます、と言って二度目で放免されるのが常だった」

1948年、初代の国家地方警察本部長官に就任した斎藤昇

高橋幹夫　元警察庁長官（第7代）

「斎藤さんは内務次官のあと警視総監になられた。（私が）警視庁の京橋署長に内定しておったころだと思う。斎藤総監にご挨拶に部屋に伺ったら『署長として一番大切なことは、署員の人事を把握して名前を全部知ることだよ』」（いずれも前掲『警察庁長官の戦後史』）

総理大臣にノーと言った長官――柏村信雄

ふたり目は3代目長官の柏村信雄だ。柏村は基礎が固まりつつあった日本警察の独立性を守った長官だ。

柏村は安倍晋三元総理の祖父、岸信介総理から「国会前のデモ隊を排除しろ」と命令されたにもかかわらず、頑として断っている。警察庁長官経験者の間でも、柏村の人気は高い。

日本の国内では1959年から60年にかけて日米安全保障条約（安保条約）に反対する国会議員、労働者、学生、市民が反対運動を展開し、継続的に大規模なデモを行った。これが第一次安保闘争である。

運動がもっとも激化したのは60年の6月のことだった。10日にはアイゼンハワー大統領の秘書、ハガチーが大統領の来日打ち合わせのため羽田空港に到着。だが、アメリカ大使館に向かう途中、デモ隊に包囲され、アメリカ海兵隊のヘリコプターに救出された。この事件と15日に学生のデモ隊約7000人が国会に乱入したことはアイゼンハワー大統領の来日中止の原因となったのである。

そして15日には国会前のデモのさなか、女子大生の樺美智子が圧死した。その後も首都の混乱は続く。毎日のように首相官邸、国会前から国鉄（当時）有楽町駅までフランス式デモの波が覆った。フランス式デモとは道路全面を占拠する方法で警備当局にとっては規制しづらい方式のそれを言う。

安保条約の成立とアイゼンハワー大統領の来日に政治生命をかけていた岸総理は柏村長官を官邸に呼び、「デモをやめさせろ」と命令した。

「違法なデモ隊を排除して治安を早急に回復しろ。政府は何としてもアメリカ大統領の来日を実現する」

しかし、柏村は首を振った。警察が学生、一般市民を中心とするデモ隊を強制排除することはしたくないと断ったのである。対して、岸は「もう警察には頼まない」と自衛隊に治安出動を命じたが、防衛庁長官の赤城宗徳もまた命令を拒否した。

柏村、赤城ともに総理の命令だからと唯々諾々と従う人間ではなかったのである。民主主義を守ったのは、このふたりだ。そして、岸信介の生涯における最大の判断の誤りはこの時にあった。この判断の記録が残る限り、岸を「立派な総理大臣だった」と評価することはできない。

総理大臣との対峙について、柏村は長い間、口外しなかったが、のちに朝日新聞記者の鈴木卓郎に詳細に語っている。

「都心と羽田空港を埋めるデモ隊を、警察力で強制排除することは物理的に不可能です。総理、今日の混乱した事態は反安保、反米もございますが、それらはこのくらい（両手を十センチほど開いて）小さい。それに比べますと、この大きなデモのエネルギーは反岸で、このくらい（両手を一メートルほど大きく開いて）大きい。このデモ隊は、機動隊や催涙ガスの力だけではなんともなりません。もはや残された道は、一つ。総理ご自身が国民の声を無視した姿勢を正すことしかありません、と進言した。……岸総理は顔面蒼白となり、『警察は肝心なときに頼りにならない。わしは自衛隊に頼む』と激怒した」（前掲『警察庁長官の戦後史』）

この時の総理と長官の激突は全国の警察本部長にも伝わった。

各地の警察本部長は長官に宛てて、次のような電報を打った。

「総理が長官を罷免する暴挙に出るならば、われわれは一斉に辞任する。警察庁は政府の圧迫に屈服するな」

もし、戦前の国家警察体制であれば、いくら柏村が筋を通す男だとはいえ、総理大臣の命令で警察は治安出動するしかなかっただろう。警察が国家公安委員会の管理下にあったからこそ、柏村はノーと言えたのであり、デモ隊へ発砲するようなこともできなかったのである。そして、総理大臣が命令しても、国会前から有楽町までを埋め尽くすようなデモに対して、警察は治安出動することができなかった。

日本の警察組織にとって60年安保における柏村の判断は大きい。日本の警察は総理大臣が厳命しても、国民に対して発砲するようなことはできない。もし、治安出動があるとすれば、おそらく外国の戦闘部隊が日本に侵入してきた時くらいではないだろうか。

なお、柏村についてはさらにエピソードが残っている。

安保騒動が終わった後、柏村は篠田弘作自治大臣兼国家公安委員長から警察庁長官を勇退するよう求められ、承諾した。そして、篠田国家公安委員長が記者会見で「退官後の天下り先は公団総裁という破格のポスト」だと発表する。同席していた柏村は怒り、その場で退任を拒否したのである。

理由は次の通りだ。

「いいポストだから受けられないのです。二十万人（当時）の警察官に苦労させた長官が、よい就職先を予約されて退官できますか。わたくしは、警察庁長官のポストを踏み台にし

1963年５月４日、辞表提出のため篠田弘作国家公安委員長を訪ねた柏村信雄警察庁長官（左）

て高位高官の座を望みたくない。退官の時期は自分で決めます」

硬骨漢とは柏村のことを言うのだろう。

初代、斎藤昇は現在の警察庁を設計した長官だった。３代目の柏村信雄は警察庁と警察という組織が総理大臣、政治家の指揮下にはないことをはっきりさせた。戦後の警察が民主主義の下に生まれた組織であり、治安出動の名目で日本国民を拘束したり、逮捕したりすることはできないことを証明した。

そして次に取り上げる第６代長官、後藤田正晴は全国的な重大事件、国際的事件が発生した時に、先頭に立つ長官として警察庁の危機管理を確立した。

斎藤、柏村、後藤田の３人が現在の警察庁の骨格と体質を形作ったのである。

日本のジョゼフ・フーシェ——後藤田正晴

後藤田正晴が警察庁長官だった時期は1969年から72年までの3年間だ。その間、いくつもの重大事件が続発した。

後藤田が長官だった時代、起こった事件は次のようなものだ。

学生運動の余韻もあった頃で、1969年10月21日の国際反戦デーには新左翼各派が前年（1968年）の新宿騒乱に続き大規模な街頭闘争を計画し、各地で機動隊と衝突した。本所（ほんじょ）警察署には火炎瓶が投げ付けられる事件も発生している。逮捕者は1594人に上り、それまでの過去最大だった。

同年11月5日に起こったのが大菩薩峠事件だ。共産主義者同盟赤軍派の53名が凶器準備集合罪で逮捕された。

翌70年3月31日には日本初のハイジャック犯罪、よど号ハイジャック事件が発生している。赤軍派が起こした日本航空機のハイジャック事件だ。

2か月後には瀬戸内シージャック事件が起こった。広島県と愛媛県間の瀬戸内海で旅客船が乗っ取られた事件である。船名から「ぷりんす号シージャック事件」とも呼ばれている。警察官は犯人を狙撃、射殺して人質を救出した。狙撃命令を出したのは後藤田正晴だ。

同年11月25日には作家、三島由紀夫が憲法改正のため自衛隊にクーデターを呼びかけ、その後に割腹自殺をした。

翌71年3月から5月までの間には大久保清が自家用車から声をかけて女性8人を誘い、殺害した連続殺人事件が発生している。

同年12月18日には当時、警視庁警務部長だった土田國保宅へ小包爆弾が届き、小包を開封した土田夫人が死亡する事件が起きている。

次の年、72年2月19日から28日にかけて、連合赤軍が軽井沢町にあった河合楽器製作所の保養所「あさま山荘」で、人質をとって立てこもったのが、あさま山荘事件だ。テレビ中継され、NHKの報道特別番組は平均50・8％の視聴率を記録した。

同年5月にはテルアビブ空港乱射事件が起こった。イスラエルのテルアビブ近郊都市にあるロッド国際空港（現ベングリオン国際空港）で赤軍派の岡本公三他2名が機関銃を乱射し、26名が死亡、73名が負傷した。

他の警察庁長官に比べて、後藤田の任期中に起こった事件は重大で国際的でかつ歴史に残るそれが頻発した。大きな事件が起こるたびに記者会見が開かれることもあって、苦虫を噛み潰したような後藤田の顔は国民にとって忘れられないものとなった。

退官後、後藤田正晴は政治家に転身し、官房長官としての手腕に評価が与えられている。それもあって警察庁長官としての業績が忘れられているが、たとえば、瀬戸内シージャック事件では観光客や警察官にライフル銃を向ける犯人を「撃て」と指示したのは彼だ。よほどの決断力と実行力がなければ即座に「撃て」命令を出すことはできないだろう。


1969年８月、警察庁長官に就任した55歳の後藤田正晴

その時にこう言っている。

「犯人を制圧して逮捕するため、銃を持つ肩のつけ根を撃てといったが、タマは心臓をかすった。射殺せよとは命じなかった。凶悪な相手に対しては止むを得ない正当防衛だ。ライフル使用は今回を前例としない。武器使用は緩和したら際限がなくなる」

（前掲『警察庁長官の戦後史』）

警察庁長官は治安を預かる人間だ。決断力と実行

力がなければ務まらない。

また、後藤田は中曽根康弘に請われて官房長官になったのだが、中曽根は後藤田にとっては内務省の2期後輩だった。後藤田が警視庁の課長時代、中曽根は部下ではない。しかし、後輩である。

あさま山荘事件の際、中曽根は第一次田中角栄内閣の通産大臣だった。実力者だった中曽根が警察の戦略を批判したことを聞いた後で、後藤田は長官会見で、「あんな奴(やつ)は相手にしない」とひとことでまとめた。

「政治家なんて、そのつど、思いつきでいろんなことをいうものだ。中曽根なんて、あんなもの。調子のいいことをいってるだけで、いちいち気にとめていたら警察庁長官は、つとまらんよ。一切、気にしない」

なお、後藤田は官房長官時代、中曽根とふたりの時は「中曽根くん」、3人以上の場なら「中曽根さん」、閣議では「総理」と使い分けていた。

長官時代の言葉

彼の言葉を調べると、政治家や新聞に関する皮肉のきいた言葉が多いように感じる。

「〇〇県警本部は、ミスばかりやっている。詳しく教えるからあれを新聞に書いちゃえよ。警察は新聞にたたかれないと、よくならんもんだ」（前掲『警察庁長官の戦後史』。以下同書より）

「警察官を公僕と呼ぶのは反対だ。われわれを僕（しもべ）とは、なにごとか。国民と対等ではないか。公務員と呼んでもらいたい」

「今日の権力者は、好き勝手なことを書き放題のマスコミだ。ぼくのこと、マスコミは体制派だなんていうが、いつもマスコミに悪口ばかり書かれているぼくこそ反体制派だ。マスコミが庶民の代表だなんて、笑わすなよ」

「わしはマージャンなら千点二百円、ゴルフではチョコレートをかける。商売がらこれがとばくといわれては困るので刑事局長に聞いてみたら、刑法ではとばくを偶然な勝負に賭けると規定しているということだ。わしのゴルフとマージャンは実力で必然的に勝って楽しんでるんだから、とばくにはならないんだ」

「成田空港の警備で機動隊三人が殺された。千葉県知事が建設工事を一時ストップしたいといってきたが、そんなこと反対派をよろこばすだけだ。千葉県警本部長が辞表を持ってきたが、そんな紙きれもらってなんになるか、と突っ返してやった。それよりも、部下を殺した犯人を長官室へ連れてこい」

不愛想で、厳しい長官のようだが、新聞記者とふたりだけで話をしていて、長官室で阿波踊りを踊ったこともあった。故郷の徳島の話になり、そのうち阿波踊りが話題に出たのである。すると、後藤田は椅子から立ち上がり、「エライヤッチャ　エライヤッチャ　ヨイヨイヨイヨイ」と掛け声とともに踊りだしたという。記者は「手足のさばき方と腰の振り方に感心した」と記録に残している。

少年時代のことだ。徳島県には被差別部落があり、中学時代の級友にはそこの出身者もいた。柔道の稽古では級友たちがそこの出身の少年と組むのを嫌った。後藤田は「かわいそうだ」と怒り、自らはその少年と組んだ。

「その少年の相手となるのはぼくと教師の二人だけだった。ぼくは相手に上級生とか強い人しか選ばなかった。弱い相手に勝ってなんになるのか、と思った。強いヤツに勝つのが楽しかった」

正義感にあふれた人だから、警察官に向いていた。

第四章

警察庁長官の仕事と資質

警察庁の仕事

警察の仕事が増えているのだから、警察庁長官が所管する仕事の範囲も広がりつつある。伝説的なＦＢＩ長官であるエドガー・フーバー、鬼平犯科帳の主人公、長谷川平蔵がやっていた犯罪の取り締まりだけでなく、高度の戦略的な問題意識によって、治安の仕組みを考え、警察組織をよりよくし、市民生活へ目配りし、政治の世界にも対応する。こういうことが仕事になっている。

さて、警察庁内のセクション（局と部）は次の9つだ。

企画、総務部門を統括する長官官房、生活安全、刑事、組織犯罪対策、交通、警備、外事情報、警備運用、情報通信（図5）。

なかでもこのところ、仕事が増えているのが生活安全と情報通信だろう。生活安全は市民が「困った」と相談を持ち込んでくるセクションだ。

一方、情報通信は、警察の重要なシステムの構築と運用、サイバー攻撃に対する防御のほか、デジタルフォレンジック（コンピュータ犯罪に関連して、デジタルデバイスに記録され

図5　警察庁、各セクションの仕事

長官官房	・公文書類の接受、発送、編集及び保存に関すること ・所管行政に関する企画、立案及び総合調整に関すること ・法令案の審査に関すること ・広報に関すること ・留置施設に関すること ・警察職員の人事及び定員に関すること ・監察に関すること ・予算、決算及び会計に関すること ・警察教養に関すること ・警察職員の福利厚生に関すること ・犯罪被害者等基本計画の作成及び推進に関すること ・警察装備に関すること
生活安全局	・犯罪、事故その他の事案に係る市民生活の安全と平穏に関すること ・地域警察その他の警らに関すること ・犯罪の予防に関すること ・保安警察に関すること
刑事局	・刑事警察に関すること ・犯罪鑑識に関すること ・犯罪統計に関すること
組織犯罪対策部	・暴力団対策に関すること ・薬物及び銃器に関する犯罪の取締りに関すること ・組織犯罪の取締りに関すること(他局の所掌に属するものを除く) ・犯罪による収益の移転防止に関すること ・国際捜査共助に関すること ・刑事警察に関することのうち、国際的な犯罪捜査及び国際刑事警察機構との連絡に関すること
交通局	・交通警察に関する事務
警備局	・テロ対策、オリンピックなどの警備 ・警備警察に関すること ・警衛に関すること(警衛とは皇室、皇族に関わる警備) ・警護に関すること ・警備実施に関すること ・警察法第71条の緊急事態に対処するための計画及びその実施に関すること
外事情報部	・警備警察に関する事務のうち外国人又はその活動の本拠が外国に在る日本人に係るもの
警備運用部	・警衛に関すること ・警護に関すること ・警備実施に関すること ・警察法第71条の緊急事態に対処するための計画及びその実施に関すること
情報通信局	・警察通信に関すること ・情報の管理に関する企画及び技術的研究並びに電子計算組織の運用に関すること ・犯罪の取締りのための情報技術の解析に関すること ・所管行政の事務能率の増進に関すること ・犯罪統計を除く警察統計に関すること

警察のしくみ(警察庁HP)による

た情報の回収と分析調査などを行うこと）などで捜査を支援する。

警察庁長官は民間企業に例えれば、警察庁というホールディングカンパニーのトップだ。前記のセクションは同組織内に属する。47の都道府県警察はホールディングカンパニーの傘下にある事業会社といっていい。つまり、長官は従業員総数約30万人の巨大組織グループの総帥だ。

セクション別の実務については、それぞれの局のトップ（局長）が責任を持ってマネジメントしている。また、都道府県警察の仕事は、それぞれの長、すなわち警視総監や道府県警察本部長が責任を持って遂行している。

警察庁長官がやることは警察庁職員の能力を見極め、適切な人員配置をして内部組織を強くすること。

加えて、次の時代の警察庁のあり方を考えて、実行に移すこと。

重大事件、災害、感染症の蔓延（まんえん）などへの対処、海外・国内情勢の把握、治安情報の分析、立法や予算、官邸や与野党との折衝などもやらなくてはならない。

こういった仕事をしながら、常に頭にあるのは「次の時代を託すのは誰か」という課題

図6　警察庁　歴代長官

初　代	斎藤　昇	(1954-1955)
第2代	石井　榮三	(1955-1958)
第3代	柏村　信雄	(1958-1963)
第4代	江口　俊男	(1963-1965)
第5代	新井　裕	(1965-1969)
第6代	後藤田正晴	(1969-1972)
第7代	高橋　幹夫	(1972-1974)
第8代	淺沼清太郎	(1974-1978)
第9代	山本　鎮彦	(1978-1981)
第10代	三井　脩	(1981-1984)
第11代	鈴木　貞敏	(1984-1985)
第12代	山田　英雄	(1985-1988)
第13代	金澤　昭雄	(1988-1990)
第14代	鈴木　良一	(1990-1992)
第15代	城内　康光	(1992-1994)
第16代	國松　孝次	(1994-1997)
第17代	関口　祐弘	(1997-2000)
第18代	田中　節夫	(2000-2002)
第19代	佐藤　英彦	(2002-2004)
第20代	漆間　巌	(2004-2007)
第21代	吉村　博人	(2007-2009)
第22代	安藤　隆春	(2009-2011)
第23代	片桐　裕	(2011-2013)
第24代	米田　壯	(2013-2015)
第25代	金髙　雅仁	(2015-2016)
第26代	坂口　正芳	(2016-2018)
第27代	栗生　俊一	(2018-2020)
第28代	松本　光弘	(2020-　)

だろう。長官の任期はだいたい2年だ。警察という大組織を方向転換するには、この任期はあまりにも短いと思われるかもしれない（前ページ図6）。しかし、この後で紹介する米田壯氏へのインタビューで明らかになるが、警察は、大きな方向転換をしたら、時代状況に合わせて少しずつ微修正を加えながら、数代にわたってその基本方針を維持していることがわかる。

◎デジタルにシフトした長官　米田壯元長官
（第24代長官：2013年1月25日〜2015年1月22日）

経験者が語る警察庁長官の仕事

2013年から2年間、警察庁長官（24代）を務めた米田壯氏へのインタビューを通して、警察庁長官の仕事、人事、問題点をまとめていく。

米田元長官は1952年、兵庫県神戸市生まれで、灘高から東京大学法学部へ進んだ。警察庁採用者では初の灘高出身者だが、今では、警察庁の同校出身者は、吉田尚正元警視総監（83年採用）をはじめ、現役、OBを合わせて二十数名に上っている。

東大時代は軟式庭球部の主将だった。卒業後、警察庁に入庁し、当初はいわば法制官僚として法律の作成に従事することが多かったが、途中から刑事部門へ。和歌山、京都両府県警の本部長や警視庁刑事部長を経て、警察庁の刑事局長、官房長、次長から長官となる。現在は公益財団法人公共政策調査会理事長、（株）日本取引所グループの取締役・リスクポリシー委員長などを務めている。

米田さんはわたしがインタビューした5人の元長官のなかではもっとも若い。官房長当時（2009～11年）、警察庁幹部のなかで最初にスマホを持った人間だという。ちなみに日本でiPhoneが発売されたのは2008年。時代背景を考慮に入れると、米田氏は同年代のビジネスパーソンよりもかなり早くからスマホを使いこなしていたことになる。

さて、「米田君に話を聞けばいい」とわたしに示唆したのは國松孝次元長官である。

「どうしてですか?」と尋ねたら、「あいつはとっても優秀だから」とひとこと。

おそらく優秀なだけでなく、警察組織の先まで見通している人なのだろう。國松氏自身が先の見通しを考えないではいられない人だから、彼が推薦したインタビュー対象者はいずれもそういう人だ。なお、國松氏推薦の田中、佐藤、吉村、野田各氏も「とっても優秀」あるいは「出色」の人たちである。

平成の犯罪激増と犯罪抑止対策

米田 國松(孝次元長官)さんがおやめになった頃(1997年)から、急激に犯罪が増えました。そして、佐藤(英彦元長官)さんが長官になられた2002年には、刑法犯認知件数はついに300万件近くにまで増えてしまった。昭和50年代から平成になったばかりの頃は150万~160万件でしたから、倍近いレベルに達したわけです。

増えた理由は、まず、日本型の共同体的組織が崩れていって、社会に内在する犯罪抑止機能が低下し、犯罪予備軍が数多く登場してきたこと。それと、当時は入国管理、在留管理も現在ほど厳格ではなかったため、外国人犯罪が多かったんです。

それが今では年間60万件くらいにまで減ってきました。

これほど減ったのは、当時の佐藤長官が腹をくくって始めた犯罪抑止対策の効果でしょう。

犯人を捕まえることが大事ではないとは言わないけれど、ともかく犯罪自体を減らす。検挙件数でもない、検挙人員でもない、検挙率でもない。

「各県警は犯罪件数を減らすことに注力せよ」と指令したわけです。企業で言えば、それまでとまったく違うＫＰＩ（Key Performance Indicator＝重要業績評価指標）を掲げたようなもので、戦後警察における大きな戦略転換でした。

――なるほど。世の中の人はまったく知らないと思います。

米田　そうでしょう。仕方ありませんね。

では、少し解説します。犯罪抑止には犯罪に対する防御力に頼るやり方（拒否的抑止）と、犯罪者を捕まえることにより刑罰の威嚇力で犯罪者を牽制（けんせい）するやり方（懲罰的抑止）の2種類があります。

もちろん、普通はこのふたつを組み合わせて犯罪を防ぐのですが、かつては、「検挙に勝る防犯なし」という警察内部の標語に見られるように、後者の比重が高かった。だから、ほとんどの経歴が刑事部門で、捕まえる方に関心が高いと見られていた佐藤さんが前者を重視する方針を出したインパクトは、非常に大きかった。

同時に政府には犯罪対策閣僚会議（注）、与党の自民党には治安対策特別委員会が発足しました。実は、自民党の治安対策特別委員会で力になってくれた先生方のひとりが菅（義偉総理）さんでした。あの方は当時から国民の安全、安心に関心を持っていたんです。

――それも知られていません。

しかし、戦略の転換と、会議、特別委員会の発足で犯罪や事故は減るものですか？

米田　住宅、道路、公園の防犯対策など、警察だけでなく全省庁挙げて対策が取られたこと、全省庁を挙げてというのが大きいのです。ほんと、非常に大きかった。

注　犯罪対策閣僚会議
　「『世界一安全な国、日本』の復活を目指し、関係推進本部及び関係行政機関の緊密な連携を確保するとともに、有効適切な対策を総合的かつ積極的に推進することを目的としています」

具体的には次の通りの施策を講じている。

以下は一例である。

防犯ボランティア団体に対する支援を充実させて、公園、繁華街などを見回る。個人の住まいへの防犯カメラ等の普及促進をする。学校における防犯活動を推進させる。ストーカー・配偶者からの暴力対策を徹底する。児童虐待防止対策の推進、安全なサイバー空間の構築のためにインターネット空間の違法・有害情報対策に係る関係者間の連携を強化する。

こうした活動には警察組織だけではなく、総理府、国交省、厚労省、自治省、文科省など全省庁が関わっている。

ほんとうに大きかったのです。自治体、地域住民のみなさんによる地域の安全を守ろうとする活動が長期にわたって持続したことも、大きな影響を及ぼしました。捜査の面でも、現代の犯罪捜査では携帯電話の履歴を調べることは必須ですが、当時は履歴の保存期間が短くて、ようやく容疑者の携帯電話を特定しても既に履歴が消去されていたことが多かった。携帯電話会社に伝えて、履歴の保存期間を長くしてもらったり、あるいは、ピッキング窃盗の場合、ピッキング用具を持っているだけで犯罪になるように法整備をしたり……。加えて、入国管理、在留管理を厳格化しました。収容施設の整備も進み、結果、不法滞在が減りましたし……。

このような法改正や現場での地域住民、行政、警察の連携強化、人員や施設面の整備充実で、2003年以降18年連続して犯罪は減ってきています。

日本の場合、経済は失われた20年、30年などと言われるようにあまりうまくいっていない。外交でもさまざまな問題がある。そのなかで、治安だけはすごくよくなっているんです。いえ、別に警察だけが頑張ったからと言うつもりはありません。言いたいのは、国としてきちんと戦略を立てリソースを投入すれば、結果が出るということです。

――しかし、振り込め詐欺というか特殊詐欺は減っているように感じません。

米田　そうですね。現代の警察が苦戦している治安事象は、振り込め詐欺、サイバー攻撃、それとテロ・通り魔殺人・ストーカー殺人など「強い犯罪者による犯行」です。振り込め詐欺やサイバー攻撃は、現状では摘発、特に中枢部の検挙が非常に難しいため、刑罰による威嚇力が十分な効果を発揮しない。また、テロ・通り魔殺人・ストーカー殺人の実行者は、捕まって刑罰を科されることを恐れていない者も多い。

「強い犯罪者」は、私が勝手に付けたネーミングで、刑罰をも恐れない「強い」犯罪者という意味です。こういう類型の犯罪の未然防止と事後の追跡可能性(トレーサビリティ)の充実を図るには、ネット空間を流れる膨大なデータ、いわゆるバルクデータの活用、防犯カメラの予防的活用などが欠かせませんが、それはやり方によっては、制度的、技術的に難度はかなり高くなると思います。

警察改革とは何か

——警察は警察改革で大きく変わりましたね。

米田　1999年から2000年に警察で大きな不祥事が何件もありました。神奈川県警における警察官の覚醒剤使用もみ消し事件(1999年立件)、桶川ストーカー殺人事件(1999年)、新潟で9年間監禁されていた少女が発見・解放された時、監察のため現地を訪れていた関東管区警察局長と県警本部長が一緒に温泉に行って、雪見酒をしながらマージャンをやり、本部長は帰庁しなかった事件(2000年)。

その時、「いったい、こいつらは何をやってるんだ」となったわけです。

――はい。ふざけるなと思いました。

米田　警察に一部残っていた共同体的な常識や治安に関する国民ニーズとのずれに対して大きな批判が巻き起こったのです。

当時の長官は田中（節夫）さんでした。批判の矢面に立ってそれを真正面から受け止め、警察が今後向かう方向性を警察改革としてまとめ上げました。2000年の通常国会での田中さんの答弁回数は六百数十回。私自身、組織犯罪対策部長から刑事局長にかけて、庁内幹部のなかで国会答弁がいちばん多かった。それでも1国会でせいぜい200回とか300回ですよ。長官がそんなに六百数十回も答弁してたら激務で倒れても不思議ではないのに、最後までがんばり通した。その間、平然とした態度を維持し、私たち部下に対しても穏やかに接しておられた。ああ、人間って、それまで何を考え、どう人格を作り上げてきたのかが、こういうときに明らかになるんだなと、つくづく思いました。

――桶川ストーカー事件に関してですが、本来、警察は民事不介入が原則ではないのですか？

米田　それはそうですが、警察改革以降、根本的に変わりました。昔は、「人権を守る」といえば、公権力から市民の人権を守るというイメージを抱く人が多かった。それとは別に、公的機関が積極的に弱い人を守るという意味で「人権を守る」という考え方もあります。警察において後者の意味の人権概念が定着したのは、國松さんの力が大きかったと思います。

國松さんがずっと熱心にやってこられた暴力団対策とか、それから、長官になられてからすごく成果が上がった犯罪被害者支援は、後者の意味の人権を大切にする思想に基づいていると思います。そして、警察改革も犯罪抑止対策も、この同じ思想的基盤の上に展開されたと言えるのではないでしょうか。

——おかげで後輩たちは仕事が増えた、と。

米田　はい、仕事は増えただけでなく複雑になりました。昔からの、「やりすぎてはダメ」だけでなく、「やらなすぎてもダメ」が追加されたんですから。

しかし、ある意味、警察改革のおかげで警察のステータスや国民からの信頼度は上がったと言えるんじゃないでしょうか。

取調べの録音・録画

――米田さんが刑事局長の時、警察は取調べの録音・録画に踏み切りましたね。


米田　はい、2007年夏に、吉村（吉村博人、21代の警察庁長官）さんが長官になり、私が刑事局長になりました。それより数か月前のことになりますが、氷見事件、志布志事件と2件続けて無罪あるいは再審無罪の判決が出て、いずれの事件も自供が決め手となっていたため、取調べを録音・録画せよという声が一気に高まりました。

警察の現場では、取調べの機能低下などを懸念し、録音・録画には反対意見が多かったのです。

しかし、私は、警察が取調べに録音・録画を導入せず現状維持を続けることは、やってやれないことではないかもしれないが、かなり難しい。それだけでなく、結局は警察の将来のためにもならないと考えました。

最大の理由は裁判官の意向です。もちろん裁判官はそれぞれ独立した立場で、個別の事件ごとの判断を下すので、「意向」といっても一概には言えませんが、供述調書は録音・録画が付いている方が望ましいと考える裁判官が次第に多くなるだろうことは想像できました。

そうすると、どんなに立派な供述調書を作成しても、録音・録画付きでないと、企業で言えば、顧客のニーズに合わない商品を作り続けるようなことになってしまう。検察は、当初から警察よりも録音・録画に前向きでしたから、そのまま警察が拒否し続ければ、顧客ニーズに合う商品はすべて「検察製」になっていきます。

加えて、取調べの録音・録画は、被疑者・弁護人の利益になるだけでなく、警察・検察にとっても使い方次第で役に立つ、価値中立的なものだと考えました。ただ、それまでの取調べと録音・録画しながらのそれは、別の技術体系といっていいぐらい違います。

ある日から突然、すべてを録音・録画させるのは、従来型の捜査員、すなわち槍(やり)や剣術の名人に、「お前たちは明日から火縄銃を使え」と命じるようなものです。当然、弾込めに時間がかかりすぎる、雨の日に使えないなど、いろいろ不都合なことが起こるだろう。

しかし、ある程度の時間をかけ、多くの捜査員が新しいやり方に慣れてくれれば、雑賀（さいか）の鉄砲隊というわけではないけれど、録音・録画に適応した精強な取調官が育ってくるだろうと思いました。そこで、録音・録画の試行は取調官に早く習熟してもらえるように、なるべく早く開始することとし、具体的には2008年の年度初めから開始しました。

録音・録画の試行を円滑に実施することができたのは、吉村長官の存在が大きかったと思っています。吉村さんという方は、警察庁の後輩たちからは、とにかくむちゃくちゃ怖い人だと恐れられていましたが、全国の現場の捜査員には絶大な信望がありました。

警察庁内の誰よりも現場の捜査実務に精通し、捜査員の心情も痛いほどわかっている吉村長官が決断したことだ、ということで、現場の反発も最小限にとどまったと思います。

——はい、確かに、吉村さん、インタビューしていても、むちゃくちゃ怖かったです。

米田　はい。やはり。

さて、録音・録画の試行を開始した後、警察庁は、性急な録音・録画の拡大論には反対しつつ、次第にその対象事件や時間を拡大し、機器の整備を進め、法制審議会特別部会が設置された後は、特別部会の場で制度作りの議論に参加しました。

刑事訴訟法の改正による新しい仕組みの下で、今では、特別の事由がない限り、裁判員裁判対象事件すべてに対して取調べの全過程を録音・録画しています。これもみなさん、知らないと思います。

法制審特別部会で、録音・録画、協議・合意制度、通信傍受の改善といった論点について結論が出たのは、2014年、私が長官の時代、つまり吉村さんの3代後です。それに基づいて法改正されたのは私の次の長官の時代2016年でした。刑事局長も、法制審特別部会での決着は私から数えて4代後の局長の時、立法は、さらにその次の局長の時でした。これほど長い時間が経過し、組織のトップも担当幹部も次々代わっていっても警察の方針にブレがなかったことは、特筆すべきことかもしれません。

初めての事件修業――豊田商事事件

――では、話を変えます。米田さんの現場体験について、お尋ねします。

米田さんは「警察官僚は現場の仕事で鍛えられる」と言っています。上司や先輩たちは米田さんにさまざまな仕事を与えたと思われます。それに、どう対処していったのですか。

また、対処の仕方、結果を見て、上司は本人を上に行かせ幹部にするか、もしくは専門分野の人間にするかを決めていくのですか?

米田 そうですね。私の場合、入庁してから、まず立法作業などいわば法制官僚をやっていたのですが、途中から刑事の世界に入りました。この人事には國松さんが絡んでおられたそうです。1986年(注 警察幹部は資料など見なくとも、年号、場所、上司・同僚・部下の肩書はすぐに出てくる。普通の人はなかなかそうはいかない)のことでした。

國松さんは警察庁の捜査二課長をやっておられた。警察では捜査自体の責任はあくまで都道府県警察にあります。警察庁の捜査二課長がやるのは、調整と監督、各都道府県の捜査二課長のうち本庁人事の人選への関与、そして検察との交渉をサポートすることなど。要するに支援です。

話を戻すと、86年春の異動で34歳で大阪府警の捜査二課長になりました。法制官僚が現場の最前線に飛び込まされたわけです。

私が異動する前年、つまり、85年の夏に豊田商事が経営破綻し、その少し前には永野一男というトップが、マスコミが十重二十重(とえはたえ)に取り囲んでいる自宅アパートで、侵入してきた男2名に刺殺されました。豊田商事は全国のお年寄りなどから2000億円くらいの金を集めており、経営破綻によってお金を返してもらえない被害者は全国で約3万人にも上ったのです。

警察は、豊田商事がお金を集めたことそれ自体を詐欺罪で立件しなければならないと決めました。被害者に少しでも多くお金が戻るように、被害者弁護団などの活動を後押しするための意味もあります。

実を言えば、豊田商事が経営破綻した時の大阪の捜査二課長は、私の1年先輩で刑事のエースと評価されている人でした。本来は、この先輩が詐欺罪の立件まで留任するのがベストの選択だったはずですが、人事の都合でどうしても新しいポストに移らざるを得ず、代役として私に白羽の矢が立ったのです。

それまでにやった現場と言えば、公安と目黒署の署長だけでしたから、相当、気が引き締まりました。

――豊田商事の事件は破綻した後、どうなったのですか?

米田　行ってみて、これは本当に大変な事件だと思いました。豊田商事は大きな企業グループの体裁を取っており、関連会社が90社前後、グループ全体の従業員も1万人近くに上る。グループ企業間やグループ内と外とで実に複雑な金銭のやり取りをしていたんです。

それだけ規模が大きいと、ある時点までは事業と詐欺の区別が付きにくい。それにトップは殺されているから、誰もがトップの責任にしたがる。また、客に対する営業をしただけでなく財務状態を知っていないと詐欺罪の故意を認定しにくい。ところが、豊田商事では営業マンと財務担当との接触を禁じていたので、「私は財務状態を知りません」、つまり詐欺罪の故意はありませんという主張を覆すのは難しくなるのです。

要するに、事件になりにくいケースでした。本当に往生しましたが、当時の大阪府警の捜査幹部、捜査員は非常に優秀かつ強力でした。1年かけて粘り強く捜査を進め、ついに、破綻が不可避となった時点以降も客を勧誘し、金銭を受け入れていたことを詐欺ととらえ、営業、財務の双方を承知している最高幹部の役員5名を被疑者として、詐欺事件を立件することができたのです。

そういえば、当時、國松さんの下での理事官をやっていたのが吉村さんでした。おふたりは何もうるさいことはおっしゃらなかったけれど、大きなプレッシャーを感じましたね……。

——ふたりには会いたくないと。

米田　いやいや、そんなこと、仮に思っていても、とても……。

ところで、先程の警察官僚は捜査現場に出され対処の仕方、結果によってその後のコースが決まるのか？というご質問ですが、これだけの事件を立件すれば、捜査指揮官としてそれなりに評価されるでしょうし、そのときの経験や人脈が以後のいろいろな仕事に役立つこともあるでしょう。

しかし、警察の首脳部に登用する際の判断材料になるかと言えば、あまり関係はないと思います。長官や警察本部長に必要とされる戦略的能力の有無は、捜査指揮官としての働きを見ただけではわからないからです。

人物を見る。人物を覚える

――國松さん、吉村さんの話が出たところで、警察幹部は見事に先輩・後輩の年次や経歴をそらんじているのですけれど、それは警察独自の教育ですか。

米田　名前や経歴を覚える対象は、警察庁の先輩・後輩というより、都道府県警察の現場の警察職員です。私が目黒警察署の署長になった時の話をしますと、署員の数は290人前後、署長室に署員の写真帳がありまして、着任後、その写真帳を使って一生懸命、名前と顔を覚えるわけです。廊下ですれ違って「やあ、何とか君」と呼んでやらないと、向こうもがっかりするんじゃないかと。

こういうことは、私だけでなく、警察庁に入庁して、県警本部の課長や署長になった人間は似たようなことをやっています。旧内務省時代からの内務官僚、警察官僚の行動パターンだと思うんです。

そうやって、部下の名前、経歴、実績、人柄、仕事ができるできないを短時間で把握することは、警察の上級の幹部になるためには必要なことでした。これは民間企業のトップにも当てはまることだと思います。ただし、廊下で声をかけて、もし名前を間違えたりすると、そのダメージは非常に大きい。だから、やる以上は写真帳は必死になって覚えないとダメです。

和歌山で毒物カレー事件に遭遇

――米田さんが警察庁長官になる時に、もっとも役に立った経験は都道府県の警察本部長をやったことだとおっしゃってましたが……。

米田　ええ。1997年から和歌山、2003年から京都、いずれも1年7〜8か月程度の在任期間でした。

――和歌山では毒物カレー事件（1998年）でしたか？

米田　はい、この事件が発生したのが1998年の7月25日。それより1年前、97年の7月15日付で私は和歌山に行ったんです。赴任した翌年、98年の和歌山県警における春の人事異動は私の責任でやりました。
まさかカレー事件が起こるとは思わなかったのですが、私としては、もしものことがあっても対応できるように、刑事部と、凶悪事件の多い和歌山東署の人事には特に気を配りました。
それが春のこと。そして、カレー事件は夏に起こったのです。

――その人事の効果は具体的にはどういうところに現れたんですか?

米田　あの時、最初の通報は食中毒でした。殺人事件ではなかった。カレーを食べたら一家全員が気分が悪くなったと119番が入り、警察にも連絡が入ったんです。夏の食中毒だと思われていたので、マスコミの中には現場に記者やカメラマンを出していない社すらあった。つまり、翌日の早朝に毒物が検出されるまでは、その程度の事案だと思われていたんです。
ですが、「その程度」だと思われていた事案に対して、管轄の和歌山東署はもとより、本部の捜査一課、鑑識なども含めて100人もの警察官が現場に殺到し、そこにあった鍋から食器から何から何まで、完璧に押さえてしまっていました。「何かがある」と事件に強い幹部たちが直感したから捜査員を動員したのです。

和歌山県警のような小規模県警にとっての100人は、とてつもなく大きい数字と言えます。県警は「正常性バイアス」(自分にとって都合の悪い情報を無視したり、過小評価したりしてしまう特性のこと)の罠に陥ることなく、単なる食中毒と思われていた段階でこれだけの人数を一気に投入し、さらに現場保存などの初動をミスなくやることができた。背景には、春の人事異動で配置した事件に強い幹部たちの存在があったんです。こういう措置がとられていなければ、この事件は立件までにもっと難航したと思います。

捜査そのものは優秀な部下たちがやりました。私が自ら捜査を指揮することも、やれなくはないとは思いましたが、そうするためには、捜査本部の置かれている和歌山東署に長時間滞在し、細かい捜査情報をリアルタイムで知っておかなければならず、本部長の仕事をしながらではかなり難しい。

私は県警本部長としてやるべきこと、つまり戦略的な条件整備を進めることに集中しました。捜査に必要な人員・予算の投入、住民・県民、あるいは世論の捜査への理解を得ること、警察庁や他府県警との連携等々です。要するに、本部長と捜査幹部では、事件への向き合い方が異なるということです。
　この時の戦略的な動き方をした経験は、長官になってからも生きたと思います。野地さんの「警察官僚の現場での対処の仕方、結果によってその後のコースが決まるのか？」という先程のご質問に対しては、本部長としての対処の仕方は、場合によってその人のその後のコースに影響するかもしれないというお答えになります。

――カレー事件の捜査では、なぜそれほど多くの人手がかかったんですか。

米田　毒物の事件は、被疑者の自供を取ることがすごく難しい。しゃべらないことを前提に事件を立証しなければならない。毒物事件は首を絞めたとか、包丁で刺したといったような直接に手を下したものではありません。犯人は「私がやったわけではない」という気持ちになるのです。ですから、証拠を固めて、彼または彼女しかいないと証明する。警察としては膨大な手間と人手がいるのです。
　当時、和歌山県警の警察官定員は２０００人弱でした。その中でこの事件には最大三百数十人、率にして17％もの人員を投入したんです。本部長なんだから、大量の捜査員を投入したければ、「やれ」と命令すればいいだけではないか、と思われるかもしれません。しかし、そうはいかないんです。

「大きなプロジェクトにリソースを投入する」ことは、「現在または将来の業務の一部を捨てる、遅らせる、手抜きする、無視する」こととイコールです。組織が使えるリソースは有限だからです。

ひとつの事件に大量の警察官を張り付けることは、新たに重大な事件や事故、災害が起こったとき対処する余力が小さくなり、治安上のリスクが高まります。余力がなくなると、対処が遅れたり、思わぬミスが出て、本部長の責任が問われるかもしれない。だからといって、カレー事件の事件捜査に投入するリソースを減らせば、本件を立件できないリスクが高まる。二律背反するリスクを直視し、ギリギリの見極めをしながら可能な対策を講じることができるかどうかが、組織トップとしての評価につながるのではないでしょうか。

そして、大量動員が長期になればなるほど、あちこちにしわ寄せがいきます。しわ寄せはまずバックオフィス的な業務にかかってきます。上の関心が薄く、国民やマスコミの目に触れにくいからです。私がこのことに気付かされ、手当てすることができたのは、当時の県警会計課長がずばり指摘してくれたおかげです。結果として、和歌山県警は、カレー事件捜査が終結し私が離任した後も、事務処理上の深刻な後遺症はなかったと聞いています。

――県警本部長の仕事、ひいては警察庁長官の具体的な仕事とは、「業務に必要な人員・予算の投入、住民・県民、あるいは世論の捜査への理解を得ること」。

組織を作り、士気を高め、同時に社会への視線を忘れない。思えば、警察庁に限らず、組織のトップの仕事とはそういうものですね。しかし、それをやっていない人が多い。自分で現場にすぐ出て行ってしまう。仕事をした気になってしまう……。そういう人がトップをやっていてはダメ。それがこのインタビューの中間報告です。

警察庁長官の一日

――警察庁長官の一日はどういったものなのでしょうか。

米田　みなさんと同じです。朝9時頃登庁して、夕方の6時には帰る。その間、何をしていたかと言われると困ります。会議、打ち合わせ、部下と会って話を聞く、指示をする、資料を読む、考えをまとめる……。

そう、いったい、何をしていたんだろう。

たぶん他の幹部と違うのは、最終的な責任を負っていること、そのことを前提に判断することだけです。大切なことほど自分ひとりで決めなくてはならない。それがトップです。大切なことを部下に相談することは部下に責任を取らせることになってしまう。ですから、最終責任者はひとりで決めなくてはならないのです。思えば、特別忙しくしているわけではないのです。逆に忙しく走り回っていても、長官として価値ある仕事をしたことにはならない場合もある。

私は土日はわりときっちり休んでました。ただ、頭のなかまで休めていたわけではない。休みでも真夜中でも連絡はしょっちゅう入ってくるし、考えなければならないことはいっぱいありますから。

警察庁長官は個々の事件について、それが広域で重大であるなら、頭に入れておかなければならない。ただ、本当に関心を持つのは、国政上あるいは外交上の影響が生ずる場合くらいでしょうね。

――政治との対応、マスコミ対応も長官の仕事ですね。

米田　警察にとって、政治の世界との意思疎通、連携は大切です。特に政策面においては。しかし、個別の法執行の面では、特定の政治家や政治勢力に配慮したり、それらの影響を受けたりすることは、あってはならない。それと同じぐらい重要なのは、国民からそのように見られることのないようにしなければならないことです。

警察のトップは、政治とは縁遠いと見られている方が無難かもしれません。こういう原則というか呼吸は、歴代の警察庁首脳部に登用されるような人は、よく理解し体得していると思いますよ。

マスコミへの対応は、人によりけりです。私は割と丁寧にやりました。ただ、夜討ち朝駆けは携帯電話の時代になってから劇的に少なくなりましたね。

――警察の仕事はますます増えていく一方です。コロナ禍では都合よく感染症対策にも駆り出されています。警察の仕事の増大には歯止めはかけないのですか。

米田　思うに、ふたつの考え方があります。

ひとつ目の考え方は、現場での執行力を考えると、結局、警察しかできないのだから、例えば、今は保健所、児童相談所などの仕事であるものを警察の所管にしてしまい、そのための予算、人員、権限を警察に移す。

もうひとつの考え方は、本来、それぞれの専門の官庁の仕事だから、むしろ彼らの現場執行力を充実してもらう。その場合、警察は、知らん顔をすることもできるだろうが、ノウハウを提供したり、人を出向させたりして、警察の仕事ではないという筋は守りながら他の官庁をサポートする。

さて、野地さんはどちらがいいと思いますか。


――はい、前者です。

ただし、前者の道を取ると、「警察が巨大になると危険だ、日本は警察国家になってしまう」と反論する人が出てくるでしょう。

しかし、感染症対策、児童虐待の予防は警察が現場で見張った方が効果があります。ここについては、予算、人員、権限を増やすべきです。

同時に、「この部分は警察の権限ではない」ところは明確にしておく。警察が「ついでにこの権限が欲しい」と思っている部分はあげない。すみません、警察の人間ではないけれど、つい、余計なことを言ってしまいました。

さて、米田さんの考えを聞かせてください。

米田　私も前者の考えの方が、手っ取り早く国民のためになるとは思うんです。しかし、ちょっと躊躇（ちゅうちょ）するんですよ。できる能力があるからその官庁にやらせようというのは、ちょっと安易で、理屈が逆立ちしている感じがします。本来はその行政分野をどの官庁に所管させるか、新しい官庁を作るべきかをまず議論すべきでしょう。ただし、緊急の必要性は理解できるので、コロナ禍で保健所の活動に警察官が同行するようなことは、恒常的な措置にしないのであれば、絶対ダメだというほどのことではないと思います。

――話は飛びますが、「自粛警察」「マスク警察」とか、「〇〇ポリス」とか、警察とは関係ないのに、警察の名前をつけられて……。ある元長官は相当、怒っていましたよ。なんで、あんなところに警察の名前が持ち出されるのか、と。まったくけしからん、と言ってました。

米田　確かに、他官庁の所管行政を警察に移管することが適切かの話題とは違いますが、強大な現場執行力を持っているという警察のイメージが背景にあるという点で、少しは共通する話でしょうか。それにしても、警察の名前を安易に使ってほしくはないです。

警察庁長官への道

――長官になるのに決まったコースはあるのですか？

米田　どうでしょう。これまでは、官房長から次長、長官になる人が多かったです。

警察庁の官房と官房長については補足説明が必要です。

元々警察庁の筆頭局は、人事を扱う警務局でした。それを城内（康光）長官（1992～94）の時、警務局と、会計、総務などを所掌する官房を合体させて大官房を作りました。この大官房という非常に権限の強い組織の長を誰にするかは、局長を選ぶのとは趣が違う。だから、大官房になってしばらくすると、官房長を経て次長、長官になる場合が多くなったのではないかと思います。

——では、次長は何をやっているんですか？

米田　みなさんあまりご存じないけれど、警察庁次長というのは、基本的には長官と同じ情報をシェアしています。長官に報告することはほぼすべて次長にも報告している。長官が倒れた時にすぐに職務を受け継ぐことができるようにしているのです。これは他の省庁にはあまりない危機管理のための仕組みだと思います。トップが不在という状態は作らない。

——では、警視総監になる人は、通常、どういうコースをたどるのですか。

米田　警務局があった時代は、長官は刑事や警備など普通の局長から次長を経て長官になる、総監は普通の局長から警務局長を経て総監になることが比較的多かったように思います。しかし、大官房になって、長官は普通の局長から官房長をやり、次長をやり、長官になることが多くなった。片や警視総監は、普通の局長から直接総監になる。すると、警察庁長官と警視総監では年次差が開きがちになってきました。それがいいことか悪いことかは別にして……。

——次長になるとほぼ長官になる、しかし次長は前任者が決めた人だろうから、長官は、後任を選ぶことはできないことになりますね？

そうすると、長官と後任は、仲が悪くならないんですか？

米田　私は前任者とも後任者とも、仲は悪くないけれど、必ずしもそうじゃないケースもあるかもしれませんね。人間ですから。興味がおありなら、直接「仲が悪い」とされる本人たちに聞いてみてはいかがですか。

——昔は長官になる人は、課長時代にわかると言われていましたね。

米田　霞が関では、各省事務次官はいわゆる官房三課長を経験した人から選ばれると、以前は言われていました。

官房三課長とは、警察庁では、総務課長、人事課長、会計課長です。國松さんと吉村さんは人事課長、田中さんと私は会計課長、佐藤さんは総務課長です。だから、事実としては官房三課長経験者がトップになっているんですが、人事を検討するとき、私の実感では、官房三課長の経験者かどうかは特別重要な判断基準とされているとは思えません。

また、最近は官房三課長をやらなくても長官になる人も出てきました。それは、ちょうどその時期に、立法など大事な仕事を任されていたり、庁内にいないで、内閣にいるケースもあるからです。

警察と他省庁の似たような仕事について

――麻薬取締部、出入国在留管理庁、公安調査庁、海上保安庁など、他の省庁には警察と似たような仕事をしているところがあります。これは警察に統合しないのですか。

米田　橋本内閣の行政改革会議（１９９６〜98年）の時、随分、議論されました。治安に関係する他機関を警察にくっつければいいんじゃないか、と。ただ、組織によって警察行政にうまく寄せることができるものと、そうじゃないものがあるような気がします。海上保安庁は、都道府県単位の警察とどういうふうに統合するのか、イメージがわきにくい。

それより組織統合の可否は置いておいて、ひとつ言いたいことは、規模の小さい組織は、人材を育てるのに苦労するということです。


――今の話は重要です。警察に限らず、人は大きな組織のなかで異動させて、いろいろ経験させて育てた方が知見、体験が増える、と。


米田　それは間違いないと思います。

たとえば警察庁が持っている現場組織に皇宮(こうぐう)警察があります。定員９００人余りで、拠点が京都、奈良などにもあります。皇宮警察は人員、予算も潤沢ではないなかで、よく頑張っているんですが、この人数と仕事の幅のなかだけで人を育てていくって、簡単なことではないんですよ。

事件の経験を積むことは難しいし、訴訟対応などもほとんどやったことはない。対策として、皇宮の職員を警視庁はじめ都道府県警察に出向させて、現場の警察官と一緒に活動させるとかして、人材育成に努めています。

今後の警察、そして我が国の問題点

米田　今度のコロナ対応を見ていてつくづく思いました。日本の公的セクターは、なぜこれほど弱くなってしまったのか。

世界的に見れば我が国の感染者数は圧倒的に少ないにもかかわらず、なぜ医療現場が逼迫するのか。

なぜ保健所はこんなにも疲弊しているのか。国民にお金やマスクを配るのに、なぜこんなに時間がかかるのか。ワクチン接種もまたしかりです。

日本はもともと公務員の数が世界の先進国に比べて少ないのに、それをさらに削減し続けてきました。マンパワーの不足を補うために使い勝手の良い効率的なシステムが整備されればよいが、仕事の仕方は相変わらず労働集約的な色彩が強く、デジタライゼーションはいつになったら実現するのかわからない。

こういうなかで、せっかく政治の世界で方針が決定されても、それを実行する力が不足している。そのため、平時では何とかなっても、大きなことが起こった有時に対応が難しくなったのではないでしょうか。

こういう国家の形態、こういう行政のあり方でいいのか。もっと議論した方がいいのでは。政府も問題意識は十分持っているようですが……。

――警察の今後、特に警察改革や犯罪抑止対策はこの先はどうするのですか。あと、警察の不祥事はなくなったわけではありません。これはどう対処するのでしょうか。

米田 警察改革、犯罪抑止に対するさまざまな施策は続いています。ただ、さすがに私が長官になった頃には、どちらも実施してから10年以上は経過しており、いくつか修正する必要はありました。と言っても、基本方針の修正ではなく、やり方の修正です。

警察改革のうち、不祥事対応を見てみると、件数は吉村長官の頃まで順調に減少してきましたが、その後、反転上昇し、内容は私生活上よりも仕事上の事案が多くなりました。

不祥事は、起こした本人に責任があることは当然ですが、減少させようとすれば、マクロの視点での要因分析と対策が必要です。

私が長官に就任した頃、警察は仕事上配慮しなければならないことが多くなり、仕事の手順も複雑になってきて、慎重に業務管理をしないと職員が疲弊しかねない状況になっていました。そこで、就任時の訓示で「明快、明確な規範、業務上の不正の誘因の除去、厳正かつ業務効率を阻害しないチェックシステムの構築」を指示し、以後業務の合理化を進めました。

また、不祥事が起こったら、その再発の可能性をゼロにしたがる傾向、いわゆる「ゼロリスク思考」がしばしば目に付きました。これは警察職員が真面目であるがゆえにハマる陥穽（かんせい）ではないか、と。

しかし、どう努力してもリスクはゼロにはなりません。逆に、リスクを完璧に無くそうとすると、別のリスクが生じます。

例えば、今は改善されましたが、捜査書類に関する不祥事の再発を防止するため、膨大な数の書類を警察署長（本部の課長等も同じ）が直接点検し決裁することとされていました。

これはとんでもなく多い作業量なんです。休みの日も出勤しなければ到底処理できないもので、本来の署長の仕事にも差し支えてしまう。

署長が力を入れるべき組織管理の仕事が満足にできなくては別の不祥事のリスクが高まってしまう。

そもそも、署長は書類をチェックする能力を評価されてそのポストに登用されたのではないんです。だから、署長がチェックすれば不祥事が防げるのか、という根本的な疑問が湧いてくる。

警察がこうしたさまざまな問題を抱えながら、それでも何とか組織が回っていたのは、警察職員の持つ高い誇りと使命感によるところが大きい。しかし、誇りと使命感は大変貴重なものだけに、組織の上層部は、これに甘えてはならない、無駄遣いさせてはならない、つまり不合理な業務運営を部下に強いて根性でリカバーさせてはならないんです。

私の在任中に仕事上の不祥事は減少し始め、現在も減少傾向が続いています。

犯罪抑止対策については、先程も触れたように、振り込め詐欺、サイバー攻撃、「強い犯罪者による犯行」をどう押さえ込むかが、課題として残っています。ただし、根本的解決には、かなり大がかりな制度改正が必要になる可能性があることも先程言ったとおりです。もちろん、それまでは何もしないというわけにはいきません。

既存のツールを使いつつ、できる限り押さえ込んでいくという方針で行くしかないと思います。私が長官の時打ち出した人身安全事態対処（注）は、「強い犯罪者による犯行」への対処策の一例です。

注　人心安全事態対処

恋愛感情等のもつれに起因する暴力的事案、行方不明事案、児童・高齢者・障害者虐待事案等の人身の安全を早急に確保する必要の認められる事案（以下「人身安全関連事案」という）については、認知した段階では、被害者等に危害が加えられる危険性やその切迫性を正確に把握することが困難である一方、事態が急展開して重大事件に発展するおそれが極めて高いことから、認知の段階から対処に至るまで、生活安全部門と刑事部門が連携し、警察本部が確実に関与して、事態に応じて被害者の安全確保のために最も効果的な手法を執ること。

つまり、強い犯罪者は「事態を急展開」させる犯罪者でもあるので、予兆を感じたら、犯罪行為が起きていなくとも、被害者の安全を確保する対処である。

――わたし個人はとにかく振り込め詐欺がなくならないのが怖い。周りを見ると、「えっ、あの人が」といった人まで被害者になっていますし、しかも、「被害にあったことは恥ずかしくて人に言えない」と……。米田さんはもう退官していますけれど、でも、力を尽くしてください。

最後の質問です。

警察庁長官だけがする判断、仕事はあるのでしょうか。

米田　警察庁長官だけがする判断と仕事ですか。難しいご質問ですが、私はこう思います。「想定外のことが起こったときどう責任を取るか、具体的にはどう辞めるかをつねに考える」。

たとえば、要人警護に際して、担当部局はリスクを洗い出し総力を挙げて準備する。しかし、リスクはゼロにはできない。事前の検討をいくら綿密にしても、想定外のことが起こって警護対象者への襲撃が成功してしまうかもしれない。

世間では「想定外はあってはならない」と言われるけれど、大きな事件は必ず想定外で起きるものです。想定できているのなら防ぐこと、被害を軽減することは可能だからです。担当部局が最善を尽くしたにもかかわらず重大な結果が発生してしまった場合、長官が責任を取ることでしか事態を収拾できないことがあります。

警察のような巨大組織では、無視できない確率でそういうことが起こり得るので、長官はいつも辞めることが念頭にある、ということになります。

警察庁長官しかできない仕事は、今言ったような判断をすることと、正気を保つことだと思います。権力の衣をまとうと人格が変わってしまう人も皆無ではありません。極論すれば、感情に流されることなく、日々平静に淡々としていれば、特に華々しい業績がなくても、長官としてまずまずの点数が取れるのではないかと思います。

法と正義の人

わたしは米田氏だけでなく、國松、田中、佐藤、吉村各氏と話をした。彼らに感じるのは正義感と法を守る意識だ。

警察は法の下に行動する。これが守られなくては市民は安心して暮らせない。警察は勝手に人を逮捕したり、武力制圧したり、留置所へ市民を放り込む組織ではない。法を守り、法に則(のっと)って行動する組織だ。

だが、「法に基づく行動しかできない」ことを警察広報はしつこいくらい言わないと、市民には伝わらない。

一般の市民は警察と言えば、なんとなく怖い人たち、関わり合いになりたくない人たちと思っている。市民はそう思っているけれど、口には出さない。

親切な駐在さんやおまわりさんを除いて、一般の市民は警察には近づこうとは思っていない。近づくのは警察に何か売り込みたいとか、交通違反の点数をなくしてほしいといった下心のある人だけだ。あるいは、取材して、本にしたいとか……。

話はズレたけれど彼らは正義を追い求める。純然たる法に基づいた正義だ。

政治家に人事を握らせない

官僚組織の長、つまり大臣はたまに民間人が抜擢（ばってき）されるケースもあるが99％は政治家がなる。

実質のトップである事務次官になるには庁内の意思と前任者の意思もあるけれど、政治家である大臣の了承がいる。1997年以降は局長以上の人事については内閣官房長官と3人の内閣官房副長官たちで構成される閣議人事検討会議の審査が必要となった。つまり、各省の局長以上の人事は政治家とひとりの事務担当、内閣官房副長官が握るようになった。官房長官、官房副長官の力が強くなっているのは高級官僚の人事権を握っているところにある（2014年からは内閣人事局が設置され閣議人事検討会議は廃止された）。

その点、警察庁長官だけは国家公安委員会が決める。警察だけは、一応政治家が人事権を及ぼすようにはなっていないわけだ。

戦後、アメリカから押し付けられたシステムだが、このシステムはとてもうまく機能している。ただし、国家公安委員会が警察庁長官を決めるのは事実だけれど、候補のなかから誰を長官に引き上げるかを決めるのは国家公安委員会ではない。警察庁全体の意思、前任者たちの後輩を見る目が次の長官を選んでいるとみるのが妥当なところだろう。国家公安委員会の委員が次期長官の人柄、能力、見識をどこまで知ることができるかといえば、それには限界があるからだ。

何よりも警察庁長官に必要な資質は正義感と法の下に行動する意識だ。加えて、庁内と都道府県警察幹部の人事を握っていること、部下の能力を把握していること。その次が政府、他省庁、企業などとの折衝能力、そして、未来の警察を作り上げるプロデュース能力。人柄で選ばれているわけではない。ただし、人柄が悪いわけでもない。現に、わたしが会った元長官たちはみんな人柄は悪くない。

ただ、元長官の誰もが、いつもニコニコして、部下の肩をポンと叩いて、「やあ、頑張ってるかね、キミ」といったニコポンタイプでは決してなかった。

警察庁長官は他省庁の大臣より権限も予算も大きい

警察庁のトップは「長官」であって、大臣ではない。しかし、警察全体の予算規模は大きい。人員は約30万人。ヘリコプターも船も持っている。2019年の警察庁だけの予算は約３４２５億円。加えて都道府県警察のそれ（推計）が約３・４兆円。ふたつを合わせると約３・７兆円から３・８兆円だ。

また、市民に対してもっとも近いところにいる公務員でもある。犯罪だけでなく市民相談、生活援助の仕事が増えているから、老若男女が、おまわりさんと話す機会がある。

仕事の幅で言えば、これもまた広大な分野の仕事をしている。仮に某国のテロ部隊が侵入して、市民を攻撃し始めるとする。自衛隊が対処するまでの間、ピストルと警棒でテロ部隊に向かっていくのは警察官だ。一方で、ハチの巣の駆除、認知症のお年寄りを探す仕事、小学校の交通安全指導も警察官がやる。公務員のなかでこれほど幅の広い仕事を行っている人たちはいない。そして、警察庁長官はそうした職員のすべての仕事を知り、的確に配置し、治安を維持していかなくてはならない。国民生活について実感で詳しく知っていなくてはならないのである。

要するに市民の生活を熟知していて、情報収集と分析能力を人一倍どころか2倍も3倍も持っている人だけが優れた警察庁長官になることができる。

彼らは人の顔と名前と経歴を百数十人分はそらんじている。数字データも忘れない。

仮にわたしたちが20人の顔と名前と経歴をそらんじているとしよう。彼らは確実にその

10倍以上を頭の中に入れている。それを基にして人事の配置をしている。

では、その記憶力、判断能力はどうやって育成されているかと言えば、米田さんの言葉のなかに出てくる。

「現場の仕事でもまれた」

命のやり取りもある現場の仕事だから、大きな事件や災害を経験すればデスクワーク5年分くらいの知見を得ることができるのだろう。

警察庁長官の弱点

警察庁長官の任期は他の省庁の事務次官と同様で、2年。長くても3年だ。任期が短いから、その期間のなかで組織を大きく変えることはできない。民間企業の社長でも2年の任期のなかで、未来を創るような大きな仕事ができるかと言えば、それはほとんど不可能だ。任期が決まっていて、しかも長くはないことが警察庁長官、他省庁の事務次官の弱点だ。これについては長年の慣習であり、また、ひとりの人間に権力を集中させないための方法だろう。

ちなみに、ＦＢＩ長官のエドガー・フーバーは１９２４年に、司法省捜査局の長官に任命されてから、組織がＦＢＩに改称された後の１９７２年まで48年間も長官職にあった。あまりにも長かったので以後、ＦＢＩ長官の任期は10年と決まっている。

警察庁長官の任期は短い。2年の間でできることと言えば、現状の課題を解決することくらいだ。組織と治安の維持がせいぜいで、大きな改革、組織変更はしにくい。

たとえば、組織改革として厚労省から麻薬取締部を編入するといったことを提議しても、2年で実現するとは思えない。公安調査庁と警察を合体させることについて警察庁長官が言い出したとしても、2年の任期中には答えは出てこないだろう。

行政改革のような法律の企画、制定に時間がかかることはひとりの警察庁長官の任期内にはまずできないから、政治家がやることになってしまうのである。

だからといって長官の任期を延ばすことはシステム上、ほぼできない。そのため、警察が主導する行政改革、警察事務のデジタル化は進んでいない。非常に遅れている。

第五章

元長官たちの話
――長官になるのに必要なキャリアとは何か

◎刑事畑の正統派長官　吉村博人元長官

（第21代長官：2007年8月16日〜2009年6月25日）

略歴は次の通りである。

1948年、熊本県生まれ。東京大学法学部卒業後、警察庁に入庁。警視庁刑事部長など刑事畑を歩む。刑事局長、官房長、次長を経て、警察庁長官に就任。警察改革の一環として、取調べの一部録音・録画、被疑者を取調べる際の監督制度を導入した。

東大法学部卒業の警察官僚といえば、四角四面で融通が利かないのではないかと推察して、取材に行ったところ、屈託のない人だった。近所によくいる気のいいおじさんといったタイプだ。肩の力が抜けていて、気軽に話しかけてくる。そして、しゃべってもいい話は冗談を交えながら、見事にしゃべる。ただし、答えにくい質問（他の警察庁長官への評価など）をすると、すっとすり抜けて、こちらが興味を持ちそうな話題を出してくる。そしてコワい。

吉村氏に限らず、警察庁長官は国会答弁、記者会見でもまれているから、取材に答えるのに慣れている。

彼の話を聞いていると、警察庁長官になるには絶対に犯人を挙げなくてはならない事件への対処、検事や他省庁との交渉といった外向きの仕事だけでなく、法整備、警察内部のスタッフの仕事など、オールラウンドにこなした経験が必要だとわかる。

また、警察キャリアは若いうちから警察署長をやって若殿教育をされるのだとばかり思っていたが、考えてみれば20代、30代初めの若さなのに年上で強面の部下に囲まれるのは相当なストレスだろう。

警察キャリアが部下の名前を頭に入れる重要性はここにある。もし、着任早々、部下の名前を何度も間違えたりしたら、ガン無視されるという噂（うわさ）も聞いた。事件の現場で妖精さん（働かない中高年）のような立場になってしまったら、それはかなりつらい。

――なぜ警察に入ったか

私は東大法学部に昭和42年に入学して、46年の卒業です。入庁した時、同期は18人。東大紛争のあおりで私も含めて卒業が46年の6月まで3か月延びたんです。だから警察庁に入ったのも遅くなりました。

貧乏学生でしたから、大学時代はずっと駒場寮に住んでました。最初のうちは警察に入ろうなんて思ってなかったんですよ。なんといっても機動隊導入反対の立場でしたから。ただ、学生運動をやっていたわけではないんです。普通の学生ですよ。

大学4年の夏、人並みに会社訪問したのですが、汽車が好きだったから、国鉄を志望して、就職は決まっていました。

ただ、ちょうどその頃、国鉄はマル生運動という生産性向上運動を始めていて、国労（国鉄労働組合）、動労（国鉄動力車労働組合）と大きな闘争になっていくわけです。これは「汽車が好きだから」なんて甘い考えの学生が入社したら、とんでもないことになると思ったこともあり、うちの父に警察か国鉄か、どちらがいいかを相談しました。

父はこう言いました。

「お前、鉄道というのはしょせん線路の上だけだろう。その点、警察はいろいろな仕事があるだろうから面白いんじゃないか」

なるほどと納得して、警察に入りました。

——修業時代

警察庁に入庁して、3か月の研修が終わり、私は福岡県警の博多警察署に警部補として8か月、制服勤務をしました。最初は単身寮に入って、しばらくしてから結婚しました。仕事は福岡県警本部捜査二課の見習いで私服勤務。捜査二課は知能犯、詐欺、贈収賄、選挙違反の捜査が仕事です。

福岡の二課では福岡市長選挙の選挙違反取り締まり、贈収賄事件にも遭遇したりして、いい経験を積みました。まだ出たてのぺーぺーだったでしょう、刑事の仕事ってきついなと思って、時間的にも心理的にも大変でした。

1年たったら見習いの18人は全員、警察庁に戻ります。戻って2年間は今度は庁内の各課に分かれて仕事をすることになります。私は交通企画課と防犯少年課（現在は少年課）の勤務。まだまだ見習いは続きます。

そうして入庁して3年たつと警視に昇任します。巡査、巡査部長、警部補、警部の次が警視。その後は警視正、警視長、警視監となる。

今、一般で警察官の採用試験を受けると、高校卒よりも大学卒が多くなっていますが、まず巡査として勤務することになります。その後、巡査部長試験から警部補試験、警部試験まで受験して昇進することになる。

一方、我々は受験はない。そういったことで、キャリアとノンキャリアの対立のようなことがテレビや小説で出てくるけれど、まったくそのようなことがないとは言わないが、自ら警察を志望して入った段階でそのことは消化していると思います。それに、一緒に事件捜査をやっていると、団結してかかることになります。

――選挙違反

1974年、警視に昇任して赴任したのが徳島県の捜査二課長だった。同期は18人いましたけれど、都道府県の捜査二課長に行ったり、公安課長に出たり、みんな課長としてばーっと出たんですよ。

私が赴任した徳島県警捜査二課のマンパワーは、20人程度でした。その20人が知能犯と暴力団犯罪の捜査をやり、選挙違反捜査もやります。
キャリアの場合、1年か1年半、長くても2年で転勤したり、警察庁に戻ったりします。ところが、私の場合は徳島で2年半、捜査二課長をやることになりました。これはなぜかというと、後藤田正晴（注）の選挙違反捜査があったからです。私が警察庁に採用された時は後藤田さんが長官でした。長官をやめて（1972年）、田中角栄内閣の官房副長官になった後、あの人は選挙に出たんです（1974年）。

注　後藤田正晴は参議院議員選挙に出たが、落選。後藤田陣営から200人以上が選挙違反で検挙された。

田中派の後藤田と三木（武夫）派の久次米（くじめ）健太郎との代理戦争で、阿波（あわ）戦争と呼ばれた選挙です。私が74年8月に赴任した時は選挙直後でした。
それで、なぜ2年半やったかというと、後藤田さんは参議院選挙には落ちたけれど、2年後の衆議院選挙に出ることになった。1976年12月の総選挙で、三木内閣の任期満了選挙です。そうすると、その時もまた選挙違反があるかもしれない。それに備えて、異動しなかったわけです。

選挙違反は落選した人の場合は楽といえば楽ですよ。国会議員じゃないんだから、どんどん幹部を捕まえても面倒くさいことにはならない。当選した場合は連座とか当選無効という話が絡んでくる。向こうも必死ですから、こっちも戦わないといけない。当たり前です。相手が議員だろうが落選していようが、選挙違反は厳しく対処する。それが警察です。政治家に対して、手を緩めるなんてことはありません。

当時は中選挙区制です。だから、徳島県全県区で5人が定員。7～8人、立候補者が出るわけですから結構、実弾（金銭）が飛んだりと、いろいろありました。

――神奈川県警捜査二課長

徳島の次は神奈川の捜査二課長を2年やりましたが、これが面白かった。1979年8月から81年8月まで。神奈川県警の捜査二課は知能犯だけをやります。部下は60～70人。私は33歳だった。

重要な仕事は、贈収賄事件を立件する場合、裁判にかけることになりますが、検察庁とのタイアップが必要になります。横浜地方検察庁の刑事部とのやり取りになるんです。検事には後にプロ野球のコミッショナーになる熊崎（勝彦）がいました。面白い人で、切磋（せっさ）

琢磨して、交渉の面白さ、検察とのチームワークを学びました。

検察庁としては警察が逮捕した贈賄側の被疑者や収賄側の役人の立場も考える。役人が市長や県議会議員といったケースもあり、「きちんとした証拠はあるのか。本人たちからの供述はとれているのか」と、堅くやろうとする。

一方、我々は第一線ですから、「これだけ証拠を揃えてやっているのだから、向こうがどう言おうとやれるだろう」と突っ張ります。

ですが、検察庁と合意しないと、実際は捕まえることはできません。悪質さの度合い、証拠の状況など、二課長は検察との交渉が大変で、駆け引きがあり、責任もある。

――警視庁捜査四課長

結局、警察官って現場の頃がいちばん面白いんですよ。覚えているのはその頃のことだけですね。

神奈川県警の後、環境庁交通公害対策室へ2年間の出向を経て警視庁の捜査四課長になりました。相手は、やくざ。

捜査一課は強行犯。強盗、殺人等々。二課が知能犯。三課が窃盗。四課は暴力団相手、組織犯罪で、やくざを捕まえる仕事です。これは1年半やりました。警視庁の捜査四課の課員は150人くらい。

当時、山口組はまだ東京への進出途上でした。私たちの相手方は住吉連合会（現在は住吉会）と極東関口一家（現在は極東会）だった。池袋で住吉と極東がドンパチやって、間違って警察官が撃たれ、重傷を負った事件があって、もうちょっとで命が危ないところだった。

それで住吉連合会の会長を課長室に呼びつけてね。当時で60歳を超えていた。私はまだ30代ですよ。年齢は向こうがずっと上だからね。ベテランの課員と話して、どう呼びかけようか、と。

最初から「この野郎」でもよかったんだが、頭に血が上っていると思われてもシャクだし、だからといって「何々さん」と呼ぶわけにはいかない。「組長」と呼んだら敬称になるし。「おい、お前」とも言えない。どうしようかね、と。何しろ、私たちは前の晩から一睡もしてないわけですよ。警察官が撃たれて、命が危なかったのだから。

そうしているうちに警視庁本部の4階にあった四課長室に住吉の会長がひとりで入ってきました。

じろっと睨んだら、会長はべったりとリノリウムの床へ正座して、平伏し、「迷惑をおかけして申しわけありません」と。呼びかける必要はなかったのです。

もともとの喧嘩は、住吉連合会と極東関口一家です。住吉は博徒で、極東はテキ屋（露天商）。このテキ屋の方も住吉が来た後、出頭させ、課長室に入れましたが、まったく礼儀がなってない。

入ってきて、頭も下げなかった。

博徒とテキ屋ではこんなに態度が違うのかと、あの時、思いました。別に博徒に感心しているわけじゃないんですよ。暴力団にもいろいろ出自があるんだなと納得したわけです。

——総会屋対策

私が警視庁の捜査四課でいちばん苦労したのは総会屋退治でしたね。

総会屋も暴力団と事実上、関係が深い。当時は広島の暴力団、共政会系の総会屋が総会を担っているケースが多かった。

私自身、総会屋を見たことがなかったから、一度、株主総会なるものを見に行ったことがある。商法が一度、改正された後の1984年かな。

いやあ、これはひどいなと思いましたよ。与党総会屋、野党総会屋がいて、どちらにも会社からお金が渡っている。野党総会屋は金ほしさにぎゃあぎゃあ騒ぐ、与党総会屋はそれをなだめる。

そういうのを見ていて、日本の会社はおかしい、と。すべての会社がそうだったとは言いません。しかし、まったくおかしな状態だった。そこで総会屋を排除しなきゃいかんと……。一度は商法が改正されました。そして、その後、また改正されるわけです。

改正後では株主権の行使に関して金品を渡しちゃいけないし、もらってもいけない。渡した方も、もらった方もアウト。ただ、総会屋事件は贈収賄と一緒で立証が極めて難しい。結局、みんな裏でやりますから。

それで、それを封ずる、総会屋に金が流れるのをやめさせる、総会屋も金がとれないようにするためにやった最初の事件が伊勢丹事件です。

ただ、その前に伏線があった。

1984年の1月にソニーの株主総会があって、これが13時間30分というマラソン総会になったわけです。

その前まで株主総会ってのは、いかに早く、さっと30分ぐらいで終わらせるのが会社の総務部の腕だった。というのは、裏で総会屋にお金が回っていたからです。ところが、ソニーは株主総会を真面目にやったんでしょう。午前10時から始まって、23時を過ぎても終わらなかった。

それを見て総会屋がうごめきだして、「ソニーのようになりたいか」と、会社を脅す。こういう時こそ警察はやつらをふんづかまえておかないとどんでもないことになると、苦労して第1号として捕まえたのが、その年、1984年5月の伊勢丹事件だった。伊勢丹デパートが、赤坂の料亭で総会屋をもてなしたり、金を渡したりしているのを見つけましてね、これを捕まえた。

それが捜査四課長の時でした。

後に、私は警視庁の刑事部参事官から警視庁の刑事部長（1997年）になりますが、警視庁の刑事部長の時が総会屋退治の山だった。

刑事部長をやったのは1997年から98年ですけれど、自分がその前に四課長をやったのが、1983年から84年ですから、年数はたっていた。当時は少しは勢いが衰えていたものの、それでもまだ総会屋は健在だった。

私が目をつけたのは情報誌を装って、1部10万円もするコピーの束みたいなのを会社の総務部に100部とか売りつける行為だった。それはもう利益供与そのものでしょう。そこで刑事部長の立場で、都市銀行の総務部長の集まりなどで講演をして、「警視庁を悪者にしてもらってもいいから、とにかく金を渡すな」と。

それで総会屋をつぶしたわけだから、結構、恨まれもしたんですよ。変な電話がかかってきたり、家族を脅されたり。それは警察の幹部になればみんな、あることなんですよ。誰も表立って言いません。でも、そんなことでへこたれるようじゃ警察官はできません。一度、防弾車に乗ったことがある。出勤の時に。でも、一度でやめました。

会社の総務部長に総会屋を怖がるなと言っておきながら、自分が防弾車に乗ってるのはとんでもない、と。それで官舎から歩いて出勤しました。

——大阪府警

私は國松（孝次）さんの下でナンバー2をずっとやったんですよ。あの人は仕事の上での判断とかはやっぱり的確ですよ。部下には怒らないし。怒られたのもいるでしょうけれどね。

國松さんはフランス留学経験者だし、警備・公安畑の人だと思っていたけれど、刑事も詳しくて、これはもう一枚も二枚も上手だと感じ入りました。

さて、僕が大阪府警の刑事部長をやったのは1991年から93年の8月まで。これは最長不倒です、2年7か月やりました。

単身赴任で行きましたから、部下に「ひとり暮らしだから、殺しがあって、特別調査になるなという時には、必ずオレに電話してくれ、どこからでも行くから」と。

現場に行って、死体が転がっている状態で、鑑識なんかに迷惑かけないように見て、それで周囲の状況を確認してから帰る。それをやっておくと、翌日以降、写真や何もかも含めた報告があっても、すぐにわかるんです。

刑事部長は、責任者ではありますけれども、普通は捜査一課長にまかせて報告を聞くだけ。ただ、同じ報告を聞くのでも、現場を見ているといないとでは大違い。現場は大切です。

死体はもうそれまでに何度も見ていますから、その頃には少しは慣れてました。

私が最初に死体を見たのは入庁して3か月くらいしてからでした。浅草署で巡査見習いをやっていた時に山谷で殺しがあって、慶応大学医学部で解剖する……。死体の解剖を見ていたら、「おまえ、手伝え」。今なら電動のこぎりでしょうけど、あの頃は普通の、のこぎりで、「ほら、お前、力入れて引け」……。

新人をからかっているところもあったんでしょうけれど。こんなことくらいで卒倒するわけにはいかんと頑張ったけれど、あれからしばらくの間は、すき焼きが食べられなかった。

ええ、においが似てるんですよ、あれ。

その時は18人の同期の中で私がいちばん最初に死体をさわったから「おい、きょう見たぞ」って言ったら、誰ひとり怖がらずに、「ええー、お前、よかったじゃないか」。

さて、殺人事件は報告を聞いて、捜査本部事件にするかしないかの判断をするんです。殺しでも、泥棒目的で入ってきて、居直りで殺したといったケースだとか、いろいろある。きちんとやらなきゃいかんというケースは捜査本部を立ち上げる。そうでないものは当該署にまかせる。

大阪の事件はいろいろあって、「もういかん、これで失敗したら、おれ、辞表出そう」と思い詰めた事件もひとつふたつありました。

それから人事課長、警視庁の刑事部長、警察庁に戻って総務審議官、刑事局長、官房長、次長、長官。それはもう、ちっともおもしろくもおかしくもない。

刑事局長になってからは国会答弁ばかりですしね。ただ、長官のときに、志布志の事件（冤罪）や富山の事件（冤罪、98ページの氷見事件）等があって、このままじゃいかんと地検、最高検の検事総長とも話をして、「こちらもビデオを入れるにやぶさかではない」と取調べの一部録音・録画や被疑者取調べ監督制度の導入をしました。

結局、警察人生で覚えているのは僕は現場の話ばっかりなんだ。

あと、大切なのは人事かな。警察庁長官は法律上は国家公安委員会が決めて、内閣総理大臣の承認を得ると書いてある。もちろん官邸の意向もあるわけですけど、実際は、政治家に警察人事に手を突っ込まれたら困るんです。選挙違反がいい例です。

実際、実態論としては、おのずと次の長官は、もう大体あいつだなというのはみんなわかりますよ。下の人間でも見ていると、大体わかるんです。

ただ、自分ではなかなかわからない。わかろうとしてはいけないというか。総務審議官ではまだわからない。刑事局長の時もわからない。官房長になったら、それは……。

官房長まで行くと、なんとなく自覚するべきことはあるのかもしれません。

◎鉄人長官　田中節夫元長官
（第18代長官：2000年1月11日〜2002年8月1日）

田中元長官は1943年生まれ。福井県鯖江（さばえ）市の出身。京都大学法学部を出て、66年、警察庁に入った。東大法学部出身者が多い警察庁長官のなかでは京都大学でさえ、「珍しい」と言われる。また、田中さんは官房長にならずに交通局長から次長、長官になっている。これもまた珍しい。大半の長官は警備畑、刑事畑だからだ。県警本部長も宮城県だけしかやっていない。これもまた稀だ。たいていの長官は小規模県と大きな道府県の本部長のふたつを経験しているからである。

田中さんは人柄がいい。抜群にいい。そして、国会答弁に対する耐久力がある。なんといってもこの人は警察改革の時、六百数十回も国会答弁に立った。

鉄人長官といえば、田中節夫のことだ。

実は、わたしが田中さんの人柄について聞いたのは、亡くなった俳優の高倉健さんからだった。高倉さんは田中さんのことを友人以上の存在だと言っていた。高倉健がそこまで褒めた人はいない。

しかし、田中さんは高倉健とは1回しか会っていないという。それではなぜ、高倉健が田中さんに感服したか。それは田中さんが送った手紙に打たれたからだ。

手紙の内容は高倉健のエッセイに所収されている。


私〔田中〕は福井県の鯖江で生まれました。父は市役所の職員です。母は主婦。弟がふたりの三人兄弟で、豊かではなかったけれど、幸せな少年時代でした。ところが、小学校五年のとき、いちばん下の弟を亡くしました。弟はまだ五歳。急性脳脊髄膜炎でした。元気に遊んでいたのが突然、熱を出して痙攣(けいれん)症状が出ました。そのまま一か月間、昏睡状態が続き、ついに帰ってこなかった。母はとても悲しみました。すると、次の年のことでした。今度は母が亡くなったのです。妊娠していたので、お腹の子どもと一緒に亡くなりました。夜中のことでしたね。弟と母を続けて失い、少年時代は精神的には厳しかったです。

その後、父は再婚するのですが、まったく不器用な親父でした。子どもに対する愛情をどうやって表していいのか、わからなかったのでしょう。それでも父は私ともうひとりの弟を愛してくれました。しかし、表現の仕方がわからないのです……。

思い出します。受験で京都大学へ行く前日の晩のことでした。父は素直に「頑張ってこい」と言えない。

風呂を沸かしていたところ、父が村田英雄の「王将」（一九六一年）を歌う声が聞こえてきたのです。

「明日は東京に出ていくからは
なにがなんでも勝たねばならぬ
空に灯がつく通天閣に
おれの闘志がまた燃える……」

焚口に座っていた私はジッと聴いていました。

要するに、受験を頑張れってことだな、と。

（野地秩嘉文・構成『高倉健ラストインタヴューズ』プレジデント社）


この話を私は田中元長官に確認した。

田中さんは淡々と「ええ、そうです」とうなずいた。

「人生には人間の力では何ともできないことがあるんです」

こういう人が警察庁長官になるべきだ。この人を長官にした「警察庁内の意思」は間違っていない。市民の命を預かる人はこうでなくてはいけない。

さて、あらためて彼が入庁してからの歩みは次のようになる。

1966年　警察庁入庁
1989年　警察庁長官官房会計課長
1991年　宮城県警察本部長
1993年　警察庁長官官房総務審議官
1993年　警察庁交通局長

1997年　警察庁次長
2000年　警察庁長官　第18代

——警察に入ったのは?

私の父は地方の市役所に勤めていたものですから、公務員というものを大切にしていたのでしょう。「お前は何としても公務員になれ」と言われました。都市銀行の内定もいただいていたのですが、公務員試験に合格したので、この道を選びました。

ただ、私が卒業した時代は、第一次安保闘争と第二次安保闘争の間でした。私は京都大学です。京都大学って、アンチ国家権力という感じでもあるので、ですから、それほど警察に行きたい気持ちはなく、父の影響もあり、今の総務省、旧自治省に行こうと努力をしました。しかし、採っていただけなかった。

人間の縁とは不思議なものです。今の総務省が入っているところに古いビルがありまして、それは旧内務省のビルでした。そこに旧自治省と警察庁が入っていたわけです。公務員試験に合格して京都から出てきて、各省庁を回って自分を売り込むわけですが、その時最初に行ったのが警察庁の人事課なんです。自治省志望だったけれど、同じ建物だったので、まず警察庁へ寄りました。それが縁でした。すぐに内定をいただいたので驚きもありましたが、警察庁にはわだかまりもあったので、通産省（現経産省）も行きました。通産省も最終的には合格したのですが、内定は警察庁の方が早かった。通産省は時間がかかったんですよ、内定をいただくまでに。

最終的に判断したのは最初に「お前を入れる」と決めていただいたところがいいと思ったからです。本当に警察に入りたくてという熱烈たる気持ちがあって、ではありません。思えば、採用担当をしてくださった方が私を買ってくれて、それがありがたかったと思います。

——京都府警

私たちの場合は入ってから3か月は中野にあった警察大学校（現在は府中市）に行きます。研修を受けて、それから地方に出るわけです。京都府警に着任し、今で言う警察署の地域課に配属されました。当時は警邏（けいら）課と言いましたが係長として半年、あとは刑事として捜査の見習いをしました。刑事課長の机の横に私の机が置かれ、それは厳しい指導を受けました。「鍛える」という感じです。

警察の教育の根本は「ともかく現場を踏んでこい」でした。現行犯こそ捕まえたことはありませんが、取調べ実務はやりました。ただ、私は見習いですから、取調べとはいっても勉強ですね。窃盗などの典型的な事件を担当して、事件とはどういうものかを肌身で知るわけです。私の場合は賭博の取調べも担当しました。

任侠映画に出てくるようなばくちの取調べです。私は取調べの前に映画館に任侠映画を見に行きました。「丁半そろいました」といった場面を見ましたよ。いえ、高倉健さんの映画ではありませんでした。

現行犯ではなかったので、どういう「ばくち」だったのか、取調べ相手にきちんと言わせなきゃダメなんです。

「こういう種類のばくちです、勝ったり負けたりしました」と、全部言ってもらって、調書を書いていく。それには、ある程度のばくちに関する基礎知識が必要なのです。ですから、任侠映画で下調べしたわけですね。そんな思い出があります。ただ、私は他の警察幹部の方々に比べると刑事、警備といった警察らしい現場の経験は少ない。総務、警務、交通の仕事がほとんどです。

――日本一若い警察署長

交通の仕事のきっかけは京都から警察庁に戻って、県に出るまでに3年くらいありましたが、そこで出会ったと言えます。通常、23歳くらいで地方から戻ってくると2年ほどは警察庁で見習いと称して、刑事、交通、生活安全、警備などのもっぱらデスクワークを勉強するわけです。

見習いが行く人数だけで言えば、刑事、警備部門が多かった。交通部門は私ひとりだけでした。しかも私の場合は他の人よりも1年間長く、まるまる3年間、交通にいたわけです。法律の改正に関する事務作業などをやっていまして……。

見習い勤務が済むと、通常は捜査二課長とか警備課長で地方へ出るわけですよね。階級は警視になって、県の課長で出ていく。

私は1年遅れて神奈川県に出まして、捜査二課長でも警備課長でもなく、警察署長をやらせていただきました。京浜急行の上大岡(かみおおおか)という駅があるのですが、そこに当時は大岡警察署があったのです。在任中に港南警察署に署名変更がありましたが、そこの警察署長を1年半ばかりやらせてもらいました。着任当時は27歳で、「日本一若い警察署長」と週刊誌に出たこともありました。

私は警察庁に1年残る時、「地方に出る場合は本部の課長ではなく現場の署長をやらせてほしい」と上に言ってたんです。そうしたら、やらせてもらえましたね。

どうして？　そうですね。現場をやってみたかったからです。警察の仕事の原点は警察署ですよ。現場の苦労をちゃんと知らないと警察の仕事はできないと思いました。

当時は、まだ警察庁から行った者が署長をやることができたんです。今はもう非常に少ない。

今は警察全体の仕事が増えているのと同時に警察庁の仕事も増えています。また、内閣に出向したりすることも多いので、なかなか地方に出しにくいのでしょう。それに、警察署長は限られたポストです。地元の方で警察官になる方は署長を夢見ておられる方もいらっしゃる。それを中央から行った者が座ったりしてしまうと、そういった方々のモチベーションに関わるのです。私の場合も少し確執がありましたね。

はて、現場におけるキャリアとノンキャリアの対立ですか？

ええ、私が港南警察署に行った時は神奈川県では二十数年ぶりのキャリアの署長で、港南警察署で初めてのことでした。副署長は高校を出た五十幾つの方で、もう私の父親ぐらいでしたから……。ええ、仕事をしていく上で、キャリアに対する特別なものの見方を感じたことはありました。

やりにくさよりも、私は「自分には何を期待しているのだろうか」を一心に考えることにしました。なにしろ現場の人たちからすれば、当時の私は捜査などの仕事ができない男です。調書を書いた経験はありましたが、それは勉強のためという色彩が濃い。では、現場の人たちはキャリアをどういう目で見ているのか。それは考えました。とにかく喜んで仕事をしてもらうことばかり考えてましたね。

彼らには期待感もあったんです。現場はさまざまな問題を抱えていますから、キャリアなら解決してくれるという期待感があります。また、一方で、キャリア制度に対するわだかまりみたいなものも当然あります。

あの時、こちらも若かったこともあって、現場の若い署員には歓迎されていたような気がします。

ただ、管理職にしてみれば、大変な人が来たけれども、何とかきちんと仕事させなきゃダメだなと思っていたでしょう。地域住民の方たちも、地元出身の署長と我々のようなキャリアの署長では少し見る目が異なる。ただ、映画にあるような深刻な対立はない。個人的な問題は別ですよ。

なんといっても警察キャリアは長くても、その県には2年しかいない。署長も2年やったらまた他へ行くのですから、深刻な対立にはなりませんよ。

地方に行ってみると、どこの県でも、うちの県は自分たちがしっかりやっていくんだという知識、経験が豊富で見識の高い人が必ずいます。私は非常に尊敬しました。

——交通事故の減少

署長をやった後は宮城県警本部長が現場トップですが、それまでは運輸省（現国交省）に出向したり、地方にも出ました。それ以外はもっぱら本庁にいて、総務と警務、交通が仕事でした。

戦後、交通戦争という事態が生じました。そこで交通事故死者数を減らすのは国全体の大きな目標だったのです。しかし、交通事故は行政、警察の努力だけでは減りません。さまざまな人たちが関わらないとダメです。たとえば自動車会社の方々が車を改良して安全なものにしていかなくてはいけませんし、歩行者、自転車に乗る人への交通教育も地道にやっていかなくてはいけないのです。

長い間にわたって、みんなが努力したから交通事故死者数は減りました。

後藤田正晴さんは「行政が関与している施策のなかで、これほど成功したものはない」とまで言っておられました。それくらい交通事故の死亡者は減っています。死者数はピークの1970（昭和45）年には1万6765人。それが今では3000人に届きません（注 2020年、2839人）。

ここまで交通事故の死者数を減らした国はありません。ただ、当たり前のことになっているのか、新聞は書いてくれません。

私の経歴の話に戻りますが、交通については見習いでもやり、課長補佐でもやり、局長でもやりました。10年近くは交通の仕事です。法律を改正したり、交通安全施設を整備したりとさまざまやりました。

交通事故を減らすには警察力だけを強化してもダメです。道路もよくしないといけませんし、車の安全性能を高めることも必要です。救急態勢も強化しなければならないでしょう。國松さんが熱心にやっておられる救急ヘリもその一環です。そして、なんといっても交通安全教育をきちんとしなくてはいけません。

このように、交通安全を進めようと思えばさまざまな施策をして、それをストックにしなくてはいけない。例えば信号機は増やせば増やすほど安全になる。交通安全教育をすればするほどいいドライバーが生まれる。車も改良していけば安全になる。そういうストックがきいて、より安全な空間ができてくる。

交通畑から長官になったのは私だけではなく、交通局長から長官になった人に高橋幹夫（第7代、１９７２〜74年。後藤田正晴の後任。後藤田陣営の選挙違反を検挙）さんという方がおられました。

高橋さんは、交通局長をやって、警備局長もやっておられます。高橋さんに比べると、私は交通以外は人事や会計などの総警務部門が主です。いわゆる警察らしい仕事は交通以外はやったことないんです。

他の仕事をやったことがなかったからと言って、長官として軽く見られたことはないように思います。

ただ、交通の現場の警察官は他の部門とは異なる苦労をしていますね。女性の警察官なんて、取り締まりの現場で食ってかかられて、罵詈雑言（ばりぞうごん）を浴びている。非常におかしい。本当に苦労をしていると思います。

交通取り締まりの警察官が実感として刑事とは別の見方をされる原因は、取り締まりを受けた方との関係が若干違うからではないでしょうか。軽微な交通違反の現場で違反をした方は、ほとんどの方が「善良な市民」です。とても、自分のことを犯人とは思っていません。

法律に違反しているという意味では窃盗の犯人と同じなのに、自分が被疑者、容疑者とは誰もとらえていません。交通の仕事は他の警察のジャンル、刑事とか警備とは異質なんでしょうか。

かつて交通取り締まりが捜査への協力の妨げになっている、あり方を見直すべきという考え方が示されたり、交通部門を警察から分離してはどうかという意見が一部にはありました。今はないと思いますけれど……。

交通の現場は事故を一件でも減らそう、交通事故の犠牲者をひとりでも減らそうと頑張っているんです。

――沖縄の通行方法の変更

戦後の交通事象で特筆されるべきは1978年の沖縄でしょう。沖縄の車の通行方法を右側通行から本土と同じ左側通行に変えたことです。世界的には車は右側通行という国が圧倒的に多いのですが、それを変えたのがあの時でした。私は警察庁で交通の仕事をしていて、法令の整備の面で、沖縄県の交通法を変える仕事に携わっていましたからよく覚えています。

かつてイギリスが宗主国だったインドやオーストラリアなどの国は左側通行です。一方、アメリカ、フランス、イタリア、中国いずれも右側通行ですね。

左側通行だったチェコスロバキアやハンガリーが右側通行に変えた歴史はありますが、右を左にしたという例は沖縄だけではないでしょうか。むろん、沖縄県警がいちばん苦労したと思いますが、警察だけで行ったわけではありません。道路標識の位置、バス停の位置、バスの乗降口、全部変えました。県庁、運輸省、建設省（現国交省）、バス会社も一緒になって仕事をした記憶があります。

むろん、自動車免許そのものは全部有効です。左側通行でも右側通行でも、免許そのものは有効です。

――法律の改正

私は刑事とか警備とかではあまり大きな事件にかかわってないんですよ。ですから、警察の活動に関する本を書かれるとしても、お力になれるかどうかはわからないのです。

取り締まるという意味で、刑事、警察の仕事に近かったのは法律の改正作業に関係したことです。しかし、私ひとりでやったわけではありません。覚えているのは暴走族を取り締まる規定です。暴走族は今でも少しはいるのですが、かつて跳梁跋扈していた頃がありました。それは、暴走行為全体に網をかぶせる法律がなかったから跳梁跋扈したのです。では、暴走族をどうやって法律の上に乗っけて、全体として捕まえるか。その仕組みが難しかった。

集団犯罪というものがあります。集団犯罪に対する法律の規定といえば騒擾罪（現在は騒乱罪）のような刑事、警備の範疇に入ってしまう。暴走族にお互いに意思の疎通があるかといえば、あるかもしれないし、ないかもしれない。非常にその書き方が難しいんです。それと、あまり厳格な法律にすると、他の社会的な運動をやっている方にしてみると、車でデモ行進をやったら暴走族の法律で裁かれてしまうんじゃないか、と。

非常に立法技術としては難しかったのですが、なんとか規定を作ることはできました。

社会状況の変化のなかで、それを規制する法律や規定は増えていく傾向にありますが、それを作るごとに警察官の仕事は増えていきます。新型コロナの蔓延で特措法が改正されましたが、あれが刑事罰でしたら警察の仕事になってしまう。

警察改革の頃から比べても警察官の数は増えています。しかし、日本は諸外国に比べますと、人口当たりの警察官の数は少ないのです（注）。

注　人口1000人当たりの警察官数が多いのは、トルコ、スペイン、キプロスなどで、ほぼ5・0人。日本は2・0人で最も少ない部類に入る。1000人当たり4人以上と多いのは主要国でイタリア、ギリシャ、ポルトガルなど。ちなみにアメリカは2・3人（Eurostat と世界銀行のデータによる。2008年）。

警察官の人数が少ないので、治安のいい国を保つために計画的に増やしていった時期もあります。そうして増えた時期もあったのですが、それ以上に一般の犯罪や交通事故は別として、特殊詐欺やIT犯罪など手間がかかる犯罪や新たに警察官がかかわる事象が増えています。ストーカー犯罪ですとか児童虐待やDVなど生活にかかわる相談です。これでは警察官の数が十分とはとても言えません。

――警察改革

私は2年半ほど長官を務めましたが、その間、九州・沖縄サミット、日韓ワールドカップの警備や、9・11にかかわる国内警備強化対策など、いろいろの事象がありました。何といっても、記憶に残るのは警察改革です。

私は警察庁長官として不祥事については後にも先にもない懲戒処分を受けたのですから。

桶川のストーカー事件など国民のみなさんの期待や信頼を裏切るような事案が続発し、国会でも大きく取り上げられたのです。

この時の国会答弁は六百数十回でしたか……。

あの時の一連の不祥事の原因は刷新会議でも指摘され、それが提言となり警察改革につながるのですが、今、振り返ってみると、20世紀と21世紀の変わり目だったのですね。やはり、社会情勢の変化のなかで、警察官の意識も含めて何もかも改革しなければならなかった。現場にしっかりと目をやること。そのことに気が付かなかった。

ただ、この過程で、本人の非違でなく、監督責任などで、組織を離れざるを得なかった人がいたことが今でも申し訳なく思います。あの時はみんなに支えてもらいました。

現在は長官が国会答弁に立つことはなくなりました。当時は国会で具体的な事件について聞かれたわけですが、褒められることはまずありませんでした。ただし、問題があり、指摘を受ける立場ですから、私たちはきちんと対応しなければいけないんです。

——1993年と1995年に起こったこと

私にとってもっともつらかったのは岡山県の高田（晴行）警視（当時警部補。亡くなった後、警視に）が文民警察官として赴いていたカンボジアで殉職した1993年、そして、阪神・淡路大震災、オウム事件、長官狙撃事件、函館空港ハイジャック事件が起こった1995年でした。93年は総務審議官（現総括審議官）、95年は交通局長でした。

国連の文民警察官としてカンボジアに派遣されていた高田警部補が何者かに銃で撃たれ殉職した時、当時の城内康光長官から指示されました。

「田中君、まず情勢が厳しい。現地にいる隊員の動揺も激しい。留守家族も心配している。だから現地に飛んでくれ」

今、宮内庁長官に就いている西村泰彦君（元警視総監）たちと一緒に向かいました。約2か月間、任務が終了するまでカンボジアにいて、みんなと一緒に戻ってくることができました。

治安情勢が厳しく、劣悪な状況の当時のカンボジアはまさに戦地でした。

「俺たちだけ先に帰ることはない。帰る時はみんなと一緒だ」と隊員たちを抱きしめてやったこともあります。あの時の隊員たちは私の戦友です。ですから、今でも年に一度の集まりには参加しています。

帰国するまで、次々と問題が起こり、警察庁の指示をいただかなければいけないことも多かったので、ほとんどは城内長官に直接、電話して指示を仰ぎました。

警察庁長官にとってつらいのは部下が殉職することです。城内長官は普段は厳しい人でしたが、あの時は私たちに対して非常に優しかった。忘れられません。

――國松先輩と狙撃事件

交通局長の時、重大事件が頻発しました。長官は尊敬する國松長官です。狙撃事件の前はオウム事件の真っ最中でした。あの時はオウムの関係者を片っ端から検挙したわけです。彼らは交通違反もいくつもやっていたわけですからね。

その直後でした。國松長官が撃たれて……。

心臓が2回停止したと言われてましたから、あの時は。

國松長官がようやく治って、病院に見舞いに行って、まっすぐに立っている姿を見た時は、私はほんと嬉しかったですね。僕はあの人とは具体的に、仕事で一緒になったことはほとんどないわけです。刑事とか警備をやってないもんですから、仕事を通じてああだこうだとかはないのですが、最高の先輩だと思っております。不死身の人です。

長官でおられた時、割合、軽く無理無体なことをおっしゃるところもありまして。基本的には明るい人ですから、子どものようにいろんなことをおっしゃる。ええ、もう本人は覚えてないでしょうけど。

「田中、今年は交通事故死者数を1万人以下にしろ。ダメだったらお前は坊主になれ」とか。

必死になって交通事故を減らそうとしました。すると、減りました。それからですよ、減少傾向をたどったのは。

もうひとつは、阪神・淡路大震災時でしたか。地震が起こって、交通規制がうまくいかなかったわけです。被災地域へどんどん人や車が入っていって、自衛隊や消防が動けなくなったわけです。

その時に國松長官は「交通規制やれ。なかに一歩も入れるな」と。

「いや、それは、入れるなって言ったって、そうもいかないのです」

「もう、どんなことしてもいいから」

「たとえば、どういったことを?」

「拳銃を空に向かってパパンと撃ってもいいから、入れるな」

「いえ、長官、そんなことはできないです」

もちろん、そんなことはやりませんでしたが、ああいう場面では本当はそれくらいの交通規制をやらなければならないんです。

私は国会で追及を受けました。

「交通規制がうまくいかなくて、消防とか自衛隊とかが入れなかった。それで、田中交通局長、いったい何人の市民が命を落としたんだ、ええ」と。

いやあ、もう答える言葉もありませんでした。言いたいことはありましたけれど。

ただ、これだけは言えます。阪神・淡路大震災の経験があったから、東日本大震災の時はちゃんと交通規制ができました。交通規制も全国警察の支援体制も、阪神・淡路大震災の時にさまざまな仕組みができ上がったわけです。それが活かされたのです。

——警察官は現場で育つ

最近の警察官を見ていて、気になることもあります。

これは警察官僚だけのことではありません。防衛省の官僚についても同じことが言われていたように記憶しています。

自分自身を顧みると、警察に入って、警察庁本庁で働く時間が長かった。防衛省の官僚も市ヶ谷（いちがや）の本省で仕事をするのが本来の仕事みたいになってしまっている。良かったのかどうかわかりません。しかし、僕ら警察官、警察官僚が仕事を覚えたのはやっぱり現場なんですよ。現場が大事なんです。刑事なら捜査を通じて人格を磨く。交通でしたら取り締まりを体験して世の中のことを覚える。

官僚になる人の現場志向がやや薄らいできているように感じます。やっぱり東京の本庁で勤務したいのでしょうね。それでもやはり現場なんです。仕事が増えている今の警察の人のご苦労はよくわかります。家族の問題もありますしね。それであっても現場を大切にしなくてはいけません。

――警察のあり方を考える

警察庁長官がやる仕事とは警察のあり方を考えること、そして、現場の警察官だったらどういった判断をするかを考えることだと思うんです。

そのことについて、例を挙げたい。

ひとつは私が長官だった時、アメリカで9・11同時多発テロ事件が起きました。その後、皇居、官邸、米軍基地や原発（注）など重要施設の警備を自衛隊にまかせる自衛隊法の改正案が持ち上がったのです。

「警察はゲリラに対する警備や制圧に必要な武器を持っていない。自衛隊にまかせるべき」という考えがあったのです。

もう私は絶対に反対でした。当時、国家公安委員長で防災担当大臣だった村井（仁）大臣は防衛族と呼ばれた方でしたが、あの方も反対でした。

また、マスコミや一部の学者のなかには警察庁と防衛省の権限争いという人もいました。警察のなかにも十分な武器もない、特に原発などの警備はどうするんだと考える人もいたように記憶しています。

しかし、権限争いなんかじゃありません。そもそも自衛隊の基本的な任務（注）は何か。治安維持との関係はどうあるべきか。大切な問題なんです。

自衛隊が自衛隊の施設を警備するのは構いません。しかし、皇居、官邸などは警察が警備するべき施設です。

自衛隊の任務は外部からの侵略に対する防衛です。皇居を警備して日常的に国民に対して銃を構えることは想定外なんです。

注　原発の警備について

原子力発電所などの関連施設については原発が立地する道県警本部の原発特別警備部隊が警備を担当している（警察庁ホームページより）。

注　自衛隊の任務　主たる任務と従たる任務

わが国を防衛するために行う防衛出動が「主たる任務」に該当し、これは唯一自衛隊のみが果たすことのできる任務です。

「従たる任務」には、「必要に応じ、公共の秩序の維持に当たる」ためのもの（いわゆる第1項の「従たる任務」）と、「主たる任務の遂行に支障を生じない限度」において、「別に法律で定めるところにより」実施するもの（いわゆる第2項の「従たる任務」）の2つがあります。前者については、警察機関のみでは対処困難な場合に自衛隊が対応する任務である治安出動や海上における警備行動のほか、弾道ミサイル等に対する破壊措置、領空侵犯に対する措置などが含まれます。後者には、重要影響事態に対応して行う活動（後方支援活動）、国際平和協力活動（国際平和協力業務や国際緊急援助活動）、国際平和共同対処事態に対応して行う活動（協力支援活動等）があります。そして、これら「主たる任務」と「従たる任務」を合わせたものを「本来任務」と呼んでいます（防衛白書より）。

警察が持っている武器が不十分ならば持たせればいい。人が足りなければ増やせばいい。結果としてそういう方向でまとまりましたが、警察のありようをどう考えるかという大切な問題だったと思います。私の判断は間違ってはいなかった。

もうひとつ、現場の警察官であればどういった判断をするかについて、です。

チャイルドシートの規制問題を例に挙げます。

これは交通局長の頃でしたが、国会でチャイルドシートをきちんとしていない人には罰則を付けるべきではないかと強い意見が出たことがあります。

私は「国民全体の意識がまとまっていない。時期尚早」と申し上げました。するると、子どもの命を大切と思わないのか、世論をリードする意味でも罰則が必要だと言われました。

しかし、考えてみてください。現場のことを頭においてください。

この違反を検挙する時は必ず子どもがいるわけです。その前で、親に対して反則切符を切ることを考えると、世論の全面的な支持がなければやってはいけないと思うのです。

それがないと現場の警察官は持たないと思いました。

「子どもの前でひどいじゃないか。注意するだけで十分だろう」

必ずそう言われます。

どのような規制でもそうですけれど、現場で法を執行する人、批判の矢面に立つ人の立場を考えなければいけません。自信を持って仕事ができるような環境を作らないといけません。私は取り締まりとか捜査は基本的に謙抑的でなければならないと思うのです。

◎犯罪被害者の支援を始めた男　國松孝次元長官

（第16代長官：1994年7月12日～1997年3月30日）

1937年、静岡県に生まれ、県立浜松西高校から東京大学法学部へ進む。大学4年時に肺結核を患い、1年留年。

61年に警察庁入庁。

「卒業したのは東大法学部ではなく東大剣道部」と言うくらい、在学中は剣道部の練習に熱中、後にトヨタの社長、会長になる張富士夫とは同期である。張が主将で國松は副将だった。

入庁後、京都府警で見習い生活を送った後、警視庁本富士(もとふじ)警察署長、警視庁総務部広報課長、在フランス日本国大使館1等書記官、警視庁公安部長、兵庫県警察本部長、警察庁刑事局長などを経て、93年に警察庁次長。94年警察庁長官。翌95年、自宅前で狙撃され、危篤状態となったが2か月半後に復帰し、97年退官。スイス大使などを経てＮＰＯ法人救急ヘリ病院ネットワーク会長を務めている。

――警察庁の役割

警察の仕事は確かに増えている。だが、警察官がコロナ対策で風俗営業の店へ立ち入るのは警察の仕事ではない。風営法上の立ち入り権を利用してコロナ関連の立ち入りを行うために警察官が出動するとしたら法律の裏付けがなくてはいけない。

警察庁の役割ですが、都道府県警察に対して連絡調整をするのが仕事です。戦後、内務省を解体し、全国の治安を握っていた内務省警保局をなくして、地方ごとに全部、独立の警察を作ったのです。すると東京だけでなく、大阪やその他の町にも警視総監と名乗るトップが生まれた。

ところが、非効率でどうしようもないから、1954(昭和29)年に、全国の都道府県警察の活動を総合調整して、相互に連携の取れた平準化された活動ができるように警察庁を作ったのです。

ただし、警察庁は指揮命令するわけではありません、連絡調整するのが役割の組織です。

ただ、オウム事件の反省として、都道府県警察がそれぞれの管轄権にとらわれて、オールジャパンの力が発揮できないという仕組みを改めることにした。

「特定の広域犯罪については、警察庁長官が都道府県警察を指揮監督することができる」と警察法を改正した。「一定の広域犯罪の場合だけは指揮監督できる」と……。

ところが、今の犯罪なんてどれも広域化したわけです。ですから、その後、警察庁は相当、広範囲にわたって指揮できるようになりました。

また、警察庁長官は都道府県本部長の人事権は持っています。警視正以上の警察官については、警察庁が選んで国家公安委員会が任命するんです。だから、もし、全然言うことを聞かない警察本部長がいたとすれば、首を切ることはできる。もちろん、実際にそういうことをやったことは一度もありません。ただ、そういう仕組みはあるんです。

【解説】

ここにある証言は重要だ。阪神・淡路大震災、オウム事件があった1995年に警察庁と警察庁長官の役割は大きく変わっている。警察庁長官は人事権をちらつかせなくとも都道府県本部長を「指揮」できる。それまでは職場の先輩でスーパーバイザーのような役割だった長官が形式としても都道府県本部長の指揮官になり得ることができるようになったのである。現在の都道府県本部長はかつてより警察庁長官を意識するようになったことは間違いない。

――剣道部の先輩

僕らキャリア警察官は国家公務員試験を受けているわけですから大蔵省（現財務省）に行こうが自治省（現総務省）へ行こうがどこでもよいわけです。ただ、剣道部の先輩の影響が大きかった。私にとっては土田國保（のち警視総監、防衛大学校長）さんです。土田さんの影響力がいちばん大きかった。また、僕ら東大剣道部がいつも世話になっていた師範はみんな警視庁師範なんです。東大剣道部はあまり強くなかったけれど、先生は超一流でした。その人たちの影響もありましたね。

僕の親族、どこを見ても警察官という人はいない。だから、親族の影響はゼロです。やはり剣道部ですよ。

入庁して6か月間は警察大学校で教育を受けました。将来の幹部候補生の育成が目的で、座学で法律の勉強も全部やる。

都道府県警察で採用された警察官の場合は1年間です（当時）。警察官として犯人の追跡法とか逮捕術といったものを高校卒業であっても、大学卒業でもやる。また、階級が上がれば、必ずその都度、何週間か教育を受ける。警察はそういった実務教育の仕組みがもっとも発達している組織です。

警察学校は全国の都道府県警察が持っています。

警視庁には警視庁警察学校、神奈川県には神奈川県警察学校と全都道府県にある。初任教養の他、昇任したら教育を受け、さらに特別のその時々の教育がある。たとえば誘拐犯専門の特別講座を教育課程に入れたり、知能犯捜査を入れたり。自画自賛ではなく日本の警察の教育は世界一ですよ。

――見習い

キャリア警察官は採用当初の1年間、各都道府県警察の第一線に配属されて「見習い研修」を受けます。

私の初任は京都府警の五条（ごじょう）警察署で、今でいえば地域課、当時は「警邏」という部門に配属され、パトロールから始めたんです。昔の重たい紺色の制服を着て、38口径（ニューナンブM60）を持って。

警察官は必ず1挺（ちょう）の拳銃を持つことになっています。一巡査であろうと本部長であろうとそれは変わりません。都道府県警察本部長には本部長としての拳銃がありますし、拳銃をつけて出席する場合もあります。

実際に撃つことはまずありませんが、練習はします。アメリカの警察に比べたら圧倒的に少ないだろうけれど、京都府警にいた時には月に一度、拳銃の訓練がありました。署の裏にある場所へ行って、空打ちする。撃つ時の構え方とかを教わる実地訓練だけれど、拳銃に弾は入っていない。撃つとパシンと撃鉄が落ちる音がする。空打ちだけれど、それでもぜんぜん違うんだよ。実包を撃つ時は警察学校に行かなきゃならない。射撃場で土嚢に向かってどんどん撃つ。半年に1回、5発程度の訓練でした。

京都に1年間いた時に犯人逮捕もしましたよ。こそ泥などでなく、詐欺犯です。ひとりで逮捕したわけでなく、指導してくれた人と一緒でした。

ただお縄をかければいいというもんじゃない。刑事訴訟法があり、それに従って犯罪捜査規範というのがあります。手続きをちゃんとやらなければアウト。アメリカにはミランダ警告といって、弁護士選任権を行使するかどうかを容疑者に伝えることが警察官の義務になっていますが、日本でも容疑者に対してはちゃんと供述拒否権を伝えておかないといけない。

説明が難しい？　よくわからないって？

それは逮捕されたことがない人にはわからないでしょう。あなた、一度、逮捕されてごらん（笑）、そうすれば、すぐにわかる。

現場では先輩たちの指導が大切なんです。私が入った頃、警察官になっていた人は陸軍士官学校を出たり、海軍兵学校を出た人が現役でした。陸士・海兵を卒業した人たちが警視庁や各県警の現場で働いておられた。この方たちがいた間は本当に助かった。それはしっかりしていましたし、優秀でした。世が世なら、将軍になるような人たちが敗戦になり、陸士を出たけれども行くところがなかったから警察官になったんです。賢明で冷静な指導でした。士官学校を出た人が警部でいてくれて、僕らに教える。ただ、3〜4年たつと僕らは警視になるから、階級は上になる。ただし、そういう人たちとうまくやらないと仕事にならんわけです。彼らをどう使うかっていうのが腕なんですよ。

——執行力があった時代

僕が入った頃の全警察官の人数は22万人ほどでしたが、今は29万人です。大きく増えているわけではありません。ただ、昔は執行力がありました。つまり、警察官が行くと、市民は言うことを聞いたんです。歯向かってくるやつはあまりいなかった。一喝すれば、やくざ者でも向かってくることはなかった。僕らが、逮捕する時もひとりで行って、「来いっ」と一喝したら、みんな、ぞろぞろ付いてきた。

今はひとりじゃ行けません。執行力が弱くなったというか、警察官の言うことを聞かなくなったんですよ。

見習い研修の後、警察庁に戻って、文京区本郷にある本富士の警察署長をやって、警視庁の広報課長をやって、また出て行って、そういうのを繰り返すわけです。主に刑事畑と公安畑でしたね。交通と生活安全はやったことはない。

昭和36年に入庁したのですが、翌々年の38年に吉展(よしのぶ)ちゃん誘拐事件(注)というのがありました。

注 村越吉展ちゃん誘拐事件 当時4歳の吉展ちゃんが誘拐され殺害された事件。犯人、小原保は身代金50万円を奪い取り、事件解明まで2年3か月を要した。小原は死刑に処せられた。戦後最大の誘拐事件と呼ばれている。

この事件で有名になったのは犯人を取調べで落とした平塚八兵衛さんでした。のちに名刑事として知られるようになった人で、自白させるテクニックは八兵衛さん自身が話しているけれど、確かに水際立ったものなんです。

私自身、八兵衛さんから一度だけでしたが、話を聞いたことがあります。

剣道の先輩の土田さんが警視庁の刑事部長をしておられた頃だったと思う。

「お前たち、八兵衛さんと話してみたら参考になるぞ」と言ってきて、その後、何人かで一緒に酒を飲む機会を作ってくれたわけだ。

昔の先輩は日常的に後輩の教育を考えていたんですね。

土田さんはこう言った。

「八兵衛さんみたいな名刑事の話は一度は聞いておけ。お前たちは耳学問しかない。自分で現場や捜査を体験する期間なんて短いものだから」とセットしてくれた。確か新橋(しんばし)駅の裏にあった馬肉屋の2階でしたね。

八兵衛さんは僕たちキャリアに対してはあまりいい気持ちは持ってないように見えた。つらく当たられたわけじゃないけれど、盛んに、「何もやらずに偉くなるようじゃダメだ」と、お説教されたね。

吉展ちゃん事件の後、身代金目的誘拐の刑は重くなりました。それもあって誘拐は減ったと言えるが、それでも時々はあります。しかし、日本の警察は身代金誘拐の犯人は必ず逮捕してます。未解決ってのはほぼありません。

――本富士警察署勤務時代、そして三島事件

1969年、本富士警察署長の時、東大の本郷キャンパス内からやってきた過激派に襲撃を受けて、私がいた署長室に火炎瓶を投げ込まれたわけです。幸い、全員ケガもなく、

署員が鎮火させたけれど、この時は警視総監をしていた秦野（章）さんから「警視庁で署長室を焼かれたのはお前だけだ」とこっぴどく叱られました。被害者なのにね。

その時、必死に捜査をして、38人特定したのだけれど、残党がハイジャックのよど号事件（１９７０年。本富士署襲撃の半年後）を起こした。

本富士警察署長に赴任した当時、すでに安田講堂事件（１９６９年1月）は終わっていたけれど、医学部と文学部はまだ混乱していて……。僕らは毎日、出動服を着て東大の構内に入って、教授たちを守るという仕事をしなくてはならなかった。

大学の方から「来てくれ」と言われてるわけで、無理やり構内に入ったなんてことはないんです。その昔は「大学の自治」といって、いかなる理由であれ、警察官が構内に入るのは絶対拒否というのが大学側の立場だった。しかし、私の頃はすでに大学の自治なんて崩れていたんですよ。毎日、教授から「入ってきてくれ」と頼まれるのだから。

構内に行くと、学生に囲まれ、小突かれたりしていた。

某文学部長なんて突き倒されて、尾てい骨を骨折し、何か月か入院生活を送ったこともありました。

ただ、僕らにも仕事がありましたから、「あんまり呼んでくれるな、こっちだって仕事があるんだ。俺たちは掃除屋じゃねえぞ」と言ったところ、言葉がそのまま毎日新聞に書かれて、見出しになったんです。

するると、秦野さんから電話がかかってきて「國松、お前はそんなこと言ったのか。品のないことを言うな」と叱られた。……でも、秦野さんだってあまり品のある方じゃなかったけれど。

――秦野警視総監

あの時代に警視庁を率いたのが秦野章です。日大の専門部卒業でした。

荒れた時代で修羅場だったから、東大を出た四畳半のなかで出世したようなやつではダメだということだったのでしょうね。警視総監は現場の親方ですから、執行力のある人がならないといけない。秦野さんの執行力は抜群でした。

秦野さんには何遍、怒られたかわからない。後藤田さんは怒っても、怒鳴りつけることはなかった。

お二方とも、なつかしい立派な先輩です。秦野さんはやたらと怒鳴る人だったけど、かわいいところのある人でね。

あの人、警視総監をしている時、初めて自動車電話が装備されたんです。それが自慢だった。

秦野さん、自動車電話をつけたから、しゃべりたくてしょうがない。用もないのに電話してくる。

それでとにかく怒鳴る。

「國松、今、お前の署の管内にいるんだが、目の前の信号がなかなか青にならねえ。信号系統がおかしいんじゃないか。お前、すぐに見に来い」

僕も「はい、わかりました」と、見に行くことになる。

――三島由紀夫事件

本富士署長は10か月で、その次が警視庁の広報課長。それが昭和45（1970）年の6月でした。三島事件は11月に起こった。

三島さんとは事件の前、警察の道場で稽古をしたことがある。僕が広報課長になってからだった。

道場の師範から「課長、三島さんとやりませんか」と誘われたので、「お願いします」

と一緒に稽古しました。その後、風呂にも入った。口数の少ない人だったけれど、それでも剣道談義みたいなのをした記憶はある。

次に会ったというか、見たのは事件の日の現場だった。市ヶ谷の駐屯地のバルコニーで演説しているときは知りません。演説が終わった直後に駆け付けました。現場には記者と自衛隊員が大勢いて、これがどちらも右往左往していて、まったくの烏合(うごう)の衆なんだ。

隊員を見た時、「何だ、これで軍人か」と失望した記憶がある。僕らは隊員を整理して、新聞記者を1か所に集めて、交通整理をしたわけです。

私が行った時はすでに割腹した後だったけれど、あれくらいの行動をするんだから、生きて縄を受けることはしないだろうとは感じていましたね。

――土田邸小包爆発事件、あさま山荘事件

1971年、土田國保さんのお宅に小包が送り付けられて、爆発し、奥さんが亡くなりました。その時、私は広報課長として現場に行ったのです。

土田さんは私にとって恩人です。もう言葉にならない事件でした。お宅にうかがって、土田さんにかける言葉もなかった。

広報課長としては記者会見を設定せざるを得ない。上司が奥さんを亡くされたのにやらざるを得ないのです。あの時、土田さんは自ら進んで記者会見に臨みました。そして、こうおっしゃってました。

「治安維持の一端を担う者として、かねてからこんなことがあるかもしれないと思っていた。私は犯人に言う。君等は卑怯だ。……家内には何の罪もない。家内の死が一線で働いている警察官の身代わりと思えば……。もう一言、犯人に言いたい。二度とこんなことは起こしてほしくない。もし、君等に一片の良心があるのなら……」

私は傍らで聞いていて、流れる涙を押しとどめることができなかった。

その翌年2月にはあさま山荘事件です。報道陣が1500人も集まった。そんな大勢を相手にして報道協定を結んだわけだが、あの時は、警察もマスコミも「なんとしても人質を助けたい」という思いで一致していたからでしょう。

それでも民間人ひとり、銃撃された警察官がふたり、犠牲になった。殉職されたうちのひとり、警視庁の第二機動隊長だった内田尚孝さんは剣道六段で、一緒に稽古した仲だったからね。ほんとに悔しかった。額を撃たれた内田さんが血で染まって運ばれる一方で、犯人たちはケガひとつなく連行されていくわけです。僕ら警察官の仕事でもっともつらいのはああいう場面ですよ。

——兵庫県警本部長

【解説】

國松孝次の履歴を見ると、関西地区に縁がある。見習い時代は京都府警だった。後に兵庫県警の捜査二課長、そして県警本部長をやっている。

1995年の阪神・淡路大震災の時は長官だったが、阪神地区に土地勘と人脈があったため、自ら連絡して一次情報を取ることができた。それが震災の判断に生きたのである。また、県警本部長の時は山口組と対峙(たいじ)した。その経験もまた刑事局長時代の暴力団対策法の立法に生きている。本人の運なのか、それとも警察庁の人事の妙なのか。おそらくは本人の運であり、めぐり合わせだったのだろう。

兵庫県警本部長の仕事のなかでも山口組の動静を知ることは重要です。当時の組長は五代目の渡辺芳則。直接、口をきいたことはないが、見たことはある。一度は地元の人に連れていかれたナイトクラブにいたようだ。「いたようだ」と言うのは、私が店に入ったのを見て、すぐに裏口から出て行ったらしい。

もう一度は神戸のゴルフ場でも会ったというか、彼がいたのは知っている。やつらはゴルフをやる時、前後の5組くらいを買い占める。そうすれば、一般の人間が組長に近寄ることはないからだ。

ただ、阪神・淡路大震災の時、まだ渡辺が組長だったけれど、被災した人たちに救援物資を配るのは早かった。私は現場で、その様子をじかに見ている。神戸市が配ったのは乾パンと水だったけれど、山口組はウェットティッシュと生理用品を配っていてね。ああ、知恵のあるやつがいるんだなと思った。以後、震災ではウェットティッシュと生理用品が被災者の方々に配るものの定番になった。

――暴力団対策法、ドーベルマン刑事との交流

【解説】暴力団対策法

1991年に施行された暴力団対策法の正式名称は「暴力団員による不当な行為の防止等に関する法律」。

法律の条文は長い。

「暴力団員の行う暴力的要求行為について必要な規制を行い、及び暴力団の対立抗争等による市民生活に対する危険を防止するために必要な措置を講ずるとともに、暴力団員の活動による被害の予防等に資するための民間の公益的団体の活動を促進する措置等を講ずることにより、市民生活の安全と平穏の確保を図り、もって国民の自由と権利を保護することを目的とする」

この法律は國松が刑事局長だった時に成立したものだ。

國松の警察人生で、世の中にもっとも影響を与えた行政施策でもある。その法律を現場で支持したひとりの刑事がいたが、彼はのちに自殺する。

刑事局長だった当時、暴力団対策法の制定に携わりました。その時、福岡県警の捜査四課長だった古賀利治君が力になってくれました。思い出の刑事です。

【解説】古賀利治

「ドーベルマン刑事」と呼ばれた福岡県警の警察官。

以下、古賀のエピソードを『警察・検察vs.工藤会』「法と経済のジャーナル」(村山治)より引用する。

「暴力団にも冬の時代が来たと思い知らせる。債権取り立てなどで暴力団を利用する者も、共犯とみて逮捕することもある」と(古賀は)公言し、微罪でも逮捕し、暴力団事務所で見つけたインスタントラーメンや米などまで「抗争資材」として押収した。刑法以外の法律も適用して徹底的に組員を摘発する手法は「福岡方式」として全国の警察から高い評価を得た。

一方で、手続きより結果を重視するスタイルには当時でも、賛否両論があった。福岡地検時代に古賀氏と交流のあった元検事は「摘発件数は増えたが、無罪も増えた。どうして、乱暴な捜査をするのか古賀さんに尋ねたら、『九州のやくざは、退職警官を襲う。だから現役時代に徹底的に痛めつけて、そういう気が起きないようにするのだ』と話していた」という。

（中略）古賀氏は福岡県警南署長時代の94年12月28日、署長官舎のトイレで首つり自殺した。〔彼ではなく〕同署員が覚せい剤事件に絡んで事件関係者の家宅捜索令状請求に白紙調書を使っていた疑いが強まり、県警が虚偽公文書作成、同行使などの疑いで〔署員を〕捜査していた。古賀氏は「監督者として責任を感じた」という内容の遺書を残していた。

（村山治『警察・検察vs.工藤会』「法と経済のジャーナル」）

なお、工藤会に対して体を張った捜査をしたのは古賀刑事ひとりではない。福岡県警は一丸となった。たとえば事務所の家宅捜索をすると捜査員の妻や子女の写真が広げてあったりした。県警の捜査員たちはそれを見て憤激したのである。

暴力団対策法を作る時、僕は古賀君に電話して、いろいろ相談をしていたんだ。彼は現場では有名な刑事だったからね。

あの時、現場の刑事たちは「今まで通りでいいじゃないか」とも考えていたようでした。行政法ですから、指定をして、中止命令を出す法律です。現場にとっては事務ばかりが増えてしまうと危惧していたところもあった。

彼らはこう言っていた。

「今まで通り悪いことしたらその場で捕まえればいいじゃないか。中止命令とか、わけのわからんことなんかやらんでいい」

現場の刑事はある意味では保守的ですから、新しいことよりも、これまでのやり方でいきたい、と。実は警察庁のなかからも反対意見が聞こえてきていました。

だが、暴力団が公然と大きな看板を出して、僕らの名刺よりも倍も大きい名刺を持って市民を威嚇しているというのはおかしい。アメリカのマフィアでも事務所を誇示したり、大きな名刺なんか持たないわけです。どう考えてもおかしい、何とかしなければいかん。やっぱり暴力団対策法ってものを作らんといかんじゃないかと思ったのですが、現場の経験が少ないので、どうも、今ひとつ自信がなかった。

また、反対意見はもうひとつあったのです。暴力団事務所から看板を外してしまうと、マフィアみたいに地下に潜って摘発しにくくなるというものだった。

そこで、ベテラン刑事の福岡の古賀君に電話して相談したところ、「ぜひ作るべきだ」と。

「局長、気にすることありません、ぜひ、やってください。そんなもの、やくざなんて放っておいたって潜りますよ。今はそういう時代なんです。暴力団対策法をやってください。看板かけるようなみっともない真似はやめさせて、暴力団の外見的な勢力を小さくしていく努力をしなければなりません。そうでないと、やくざはいつまでたっても大手を振って歩きますから」

彼は、こうも言っていた。

「局長、やくざの額にぺたっと切手を貼るんですよ。こいつがやくざだとはっきりさせることが非常に大切なんです。暴力団対策法ができたから潜るとかね、それがなかったから潜らないなんてことはありません。早くしないとダメです。特に知能暴力が増えていくから、早めに額に印を貼らないとダメです」

彼はよくわかっていたんだ。

僕は優秀な刑事の感覚だなと思ったから、暴力団対策法を作ることに自信を持つことができた。

彼は暴力団担当としては全国的に知られていた男だった。工藤会と、切った張ったで有名でね。ある時、彼は工藤会の事務所に行って飾ってある提灯(ちょうちん)を「これは抗争資材だ」

と全部、持ってきたんだ。

やくざの提灯を勝手に持ってくるなんてのは遵法精神に欠けると批判されたが、確かにその通りではある。しかし、そのくらいの気構えがなければ、やくざと対決なんかできないよ。その後、彼は工藤会に「提灯を取りに来い」って言った。そうしたら、取りに来たっていうからね。

彼は自殺をするんだが、どうだろう。いや、よくわからないが、惜しい。私は今でも彼のご家族と年賀状のやり取りだけはしています。せめてもの供養です。福岡には立派な刑事がいたことをみなさんには覚えておいていただきたい。

工藤会はもうずいぶんと弱体化しました。それは、樋口（樋口眞人、2013～15年、福岡県警本部長）君が彼らしいやり方で工藤会を徹底的に取り締まったからです。樋口君は暴力団の活動を抑止する上で有効だったのが、暴力団対策法の制定だったと言っている。

私の判断の基礎になったのは警察に入ってから受けた教育だった。現場仕事に追われながらも、酒の席では先輩たちから、「役人道」とも言える、後々まで心に残るような話を聴き、それによって、自分の仕事の原理原則についての心構えができていったんじゃないだろうか。

「警察官たるものは何をするべきなのか」といった青臭い議論は今は誰も言わなくなったね。しかし、繁雑な日常に振り回され、過った判断をしてしまいそうになる時に、支えになったのは仕事の本質に立ち返る書生論だったと僕は思う。

今は警察だけではなくどんな職場であっても、実務重視、目の前の仕事を片付けろとなっている。そして、現場の実情に通じた人が高い評価を受けるようになっている。それはもちろん重要でしょう。それがなければ社会は回っていかない。

しかし、仕事はどんどん流れていくものです。そして、流れについていくだけでは見失うものがある。その流れにあらがって旗を立てることです。

どんなふうに自分の仕事で人の役に立ち、社会を良くしていけるのか。若いうちから青臭い議論をしておくことですよ。警察は青臭い組織でいいと私は思っている。正義とはそういうものじゃないかな。

警察庁長官として私が警察官に訴えたいと思ったのはそういうことで、長官だけが唱えることのできるテーゼみたいなものです。

――オウム事件と狙撃事件

1994年6月の松本サリン事件までオウム真理教が起こした事件はすべて地方で起きており、捜査の陣容が整いにくかった。また、警察は戦前に宗教団体を弾圧した過去があり、それに対する批判が根強かったのも、オウム真理教事件に着手するのを躊躇させた一因としてあるかもしれない。

一方で、坂本弁護士一家殺害事件（89年）を調べていた神奈川県警は94年秋には旧上九一色村（山梨県）のサティアン（オウム真理教の施設）周辺の残土を調べ、猛毒サリンを生成した残滓を検出していたんです。

95年2月には公証役場事務長監禁致死事件が東京で起こり、警視庁が捜査権を得たことで陣容が整った。オウムの一斉捜査をやろうとしたが、その矢先の3月20日、地下鉄サリン事件が起きてしまった。

警察は一生懸命やったのだが結果的に後手に回ってしまい、被害者と遺族にはほんとに申し訳ないという気持ちを持っています。それはいつまでも変わりません。

上九一色村で彼らを逮捕し、公判を経て、13人が死刑になりました（注）。一連の事件で13人が死刑になったのは、かつてない集団犯罪で、戦後最大の事件と言っていい。

注　オウム真理教元代表・麻原彰晃、本名・松本智津夫元死刑囚ら7人は2018年7月6日、ほか6人は26日に刑が執行された。

大学や大学院を出た医者、理工系の技術者が麻原のいいなりになってしまったのは、社会のなかで自分たちが報われない、活躍する場がないと勝手に閉塞感を持っていたようにも感じます。

今後のことを思えば同じような組織犯罪が二度と起こらないようにするのが何より大切でしょう。幹部の証言など裁判記録を精査し、優秀な若者が麻原に洗脳されていったいきさつを明らかにして、対策を立てる。それは警察のやることではないという人もいるかも知らんが、世の中の治安を護(まも)るにはそこまでやらないといけないでしょう。

――狙撃

【解説】長官狙撃事件

1995年3月30日、午前8時31分頃、國松が出勤のため荒川区南千住にあった自宅マンションを出たところ、付近で待ち伏せていた男が銃を4回発砲。國松はそのうち3発を腹部に受けた。すぐに日本医科大学付属病院高度救急救命センターに搬送され、一命はとりとめたが、全治1年6か月の重傷を負った。

だが、驚異的な回復力で2か月半後には公務に復帰している。

男は自転車でJR南千住駅方面に逃走するのが通行人に目撃されている。

なお、國松は狙撃されたことに自責の念を持っている。


朝、出勤するので午前8時半頃にマンションを出たところ、後ろから、4発連続で撃たれたわけです。その後の記憶はなく、病室で意識を取り戻した。私はあの時はもう死を覚悟していましたから、病院の集中治療室に警察庁次長（関口祐弘）を呼んで長官の後任人事を進めるよう頼んだんです。

だが、彼から「長官、辞めるなんて言ってる場合じゃありません」と怒られた。

ほんとに医師たちのおかげです。そのため、のちに救急ヘリの仕事に携わることになるのだけれど、九死に一生を得た。

もしあの時、警察庁長官が射殺されていたら、国家の威信にも傷がついた。私の命を救ってくれた先生方は、国を救ってくれたのだと思います。

狙撃事件は時効となりました。未解決で終わったのは残念だ。ただ、時効になった以上、誰がやったかを詮索するのはもう無意味なんです。

オウム真理教の関係者にせよ、犯人を名乗って出てきた男にしても、犯行をうかがわせるものはそれなりにあるのだろうが、どちらとも言えないとしか、僕には話しようがないんだ。

——警察庁長官だけの仕事とは

警察庁長官だけが判断し、決裁する仕事ですか?

そんなものはありません。警察は、組織で仕事をしています。長官の目の前に現れる仕事は、つねに幾人かの判断の積み重ねが付いてきて、それが終わった後のものです。そのなかから何らかの「チョイス」をするのが仕事です。

そうした「チョイス」のなかに、その長官の「個性」が出ることはあるかも知れませんね。

長官時代、私が感じていたのは、「相談する人がいない」ということでした。長官が決めれば、それは、警察としての最終判断になる。

最後となると、意外に相談できる人はいないものです。

私が、唯一、相談に行った（もちろん、たまにですが）のは、後藤田さんのところだった。

それも「政治家後藤田」ではなく、「先輩後藤田」です。

私はそのことを「おみくじ」を引きに行くと言っていました。


【解説】


彼は狙撃犯に対する憎しみは持っていない。誰が自分を殺そうとしたかという個人レベルでの話ではないからだ。犯人として撃った個人を特定し、逮捕し、罪に服させるのが警察官としての仕事であり、個人を敵として憎んでいるわけではない。思うに、警察官が感じる「敵」とは個人ではなく、正義に対する大きな脅威ではないだろうか。

そして、彼が長官として幸せだったのはおみくじを引きに行く時の相手が後藤田正晴という名長官だったことだろう。

第六章

警視総監が見た警察庁長官

◎野田健元警視総監

（第82代警視総監：1999年8月26日〜2002年8月1日）

1944年、東京都生まれ。東京大学法学部卒業後、警察庁に入庁。刑事局暴力団対策部長、刑事局長、長官官房長を経て、99年、警視総監。2002年に退官後は、日本道路交通情報センター理事長を経て、04年から08年まで内閣危機管理監を務めた。

――捜査二課と贈収賄事件

父親は昔の内務省でして、警察にもいました。退職時は総理府統計局長。私は転勤族の子どもですから、生まれたのは滋賀県大津市で、高校は兵庫県の神戸高校を出ました。方々で暮らしていましたが、大学を卒業するまでの間で一番長く生活した場所と言えば、東京になりますね。

我々が就職活動している頃（1960年代中頃）、警察と大学との関係というのは、必ずしもよくなかったわけです。ですから、周りを見渡して、警察に行こうというのはそれほど多くなかったかもしれません。私はね、逆だったんです。周りのみんなが警察を嫌うから、行ってみようかなと。へそまがり、なんでしょうね。

警察庁へ入って、警察大学校の研修を受けた後、警視庁の渋谷警察署へ配属になりました。渋谷警察は東横線に地上駅があった頃（2013年まで）、ホームの向かい側に位置していました。なんといっても、あの頃はまだ都電が走っていましたから。

渋谷警察の後、警視庁の捜査二課に行きました。のちに警視総監になる鎌倉（節（さだめ）元宮内庁長官）さんが上司で捜査二課長だった。学校給食会の贈収賄事件捜査で、贈賄被疑者の取調べをやったりしました。でも、見習いですよ。

ちょうど鎌倉二課長は大卒クラスで、新しく採用した者を捜査二課にスカウトして、陣容を新しくしたんです。ですから、とても勉強になりました。

大学卒で警察庁に入庁して、都道府県警察の捜査一課長を経験させてもらえる人というのは非常に少ない。一課は殺しを含めて強行犯と窃盗犯ですから、ずっとたたき上げでやってきた人の方が一日の長がある。ですから、僕らは二課長ですよ。

捜査二課は知能犯と暴力団捜査で、詐欺・横領といったものの技術判断になってくる。証拠を集める場合でも、帳簿を調べるといったことですから、捜査一課とは風土が違う。私はその後、警視庁の鑑識課長をやりましたから、捜査一課の刑事もたくさんつき合いましたけれども、一課長はやっていません。

1970年、香川県警本部の捜査二課長になりました。土木出張所長の贈収賄事件、高松市立病院の院長、事務長の医薬品納入をめぐる贈収賄事件、善通寺(ぜんつうじ)市議会の議長選挙の贈収賄事件……。2年間で3つの贈収賄をやりましたから、地方としては大きい事件だったし、私も忙しかった。

贈収賄事件は最近、非常に減ってしまいました。昔は1年にひとつはやらないと、「二課は何やってんだ」って怒られたものですけれど、このごろは1件やれば褒められるんじゃないかな。ただ、立件が難しくなってるのかもしれません。もともと贈収賄事件というのは発覚しにくい。

要するに、どこかの会社がばかに安く契約をとった、役人なのに愛人をふたりも3人も抱えているといった事実があったとすると、そこを端緒として調べていくから手間と時間がかかります。

また、贈収賄事件は被害届を出してくれないんです。例えば捜査一課の事件でしたら、強盗などは被害届が出てくる。だけど、捜査二課の贈収賄はどちらも得をしているわけだから被害届が出てこない。内偵して、事件を見つけて、法律的に組み立てて、これは贈収賄になるかどうかを考えないといけない。法律、刑罰の勉強になるケースが多いといえるかもしれません。

贈収賄の次にやったのはばくちの検挙。地元のやくざの組ですが、組長以下をばくちの開張図利(とり)で逮捕しました。そうやって、3か月に1回くらいは贈収賄、賭博などの大きな事件をやっておりましたから、香川での経験は面白い警察官生活でした。

――縁故地と警察幹部の特質

私自身はとても気分よく香川の捜査二課長をやっていたんですけど、2年弱で異動になって、交通企画課の課付警視で法令担当になりました。私が交通をやったのはその時だけです。ただ、だからといって刑事の現場が長かったわけじゃない。大きな刑事事件を手掛けたわけではないんです。

交通企画の法令担当が1年半くらい。その後、警視庁の目黒（めぐろ）警察署長になりました。ちょうど30歳で、1974年。

私の警察官人生のなかで長かったのは人事です。

さて、これからやっと本題になるのですけれど、人事を長くやっていると、警察幹部になる道筋、長官や警視総監になる道筋がよくわかります。

人事の話に戻りますが、私がやったのは採用の手伝いから、「ヤジルシの関係」など、さまざまです。

ヤジルシっていうのは異動のこと。警察だけでなく、他の官庁や民間でも使う言葉だと思います。警察庁に入った人間は1年半から2年で代わるから異動は大変。キャリアだと何年採用でどこの出身なのかはちゃんと押さえておかなくてはならない。また、ノンキャリアでも警察庁にいる人もいます。その人もまた異動の対象になってくる。

異動に関して気を付けるのは縁故地の問題。

おそらく縁故地というのがあるのは警察だけでしょう。私の場合、本籍は横浜で出身は滋賀県。人事課の登録では、私の縁故地は滋賀県となっています。また、東京が長かったから東京も縁故地。横浜はほとんど知らないし、本籍だけですから、縁故地ではない。滋賀県だって、生まれてから2年弱ですからよく知らないのだけれど、それでも一応、縁故地です。

なぜ、警察が縁故地を気にするかと言えば、そこで生まれ育った人は地元と深い関係ができている。すると、県警本部長になったとたんに取り入ってくる人が現れるかもしれないという前提に立っているわけです。ですから、警察では縁故地の県警本部長をやらないことが不文律になっている。

ただ、妙な話ですけれど、私は滋賀県の県警本部長になったんです。それは人事が「野田には一度は近畿の警察を経験させた方がいいだろう」と考えたからでしょう。あの時、人事は「滋賀県出身だけれど、生まれただけだから関係ない」と判断しました。このように、縁故地を登録させるけれど、機械的な判断ではない。個人の詳しい状況まで知っているのは警察の人事くらいのものでしょうね。

縁故地だけじゃありません。警察は個人情報を相当、詳しく聞きます。人事記録は毎年更新するのですが、ある時、50歳を超えた大先輩に配偶者の懐妊の有無について記載を求めたら、「お前、俺の家内をいくつだと思ってるんだ」って怒られたことがあります。人事記録はどれも同じ様式ですから、若い人だけでなく、大幹部にも同じことを聞くことになる。

　なぜ、妊娠しているかどうかまで尋ねるかというと、異動には引っ越しが伴うから妊娠していると大変だという配慮なんですが……。

　もちろん個人情報ですから、本人がそういうことは言いたくなければ言わなくていいんです。だけど、警察の人事マンとしては言ってもらった方がいい。

　要するに警察は単身赴任はあんまり好きじゃない。家族と一緒に任地に行ってもらうのが基本。ただ、毎年のように転勤があるから、場合によっては、子どもは学校を毎年変わらなきゃならない。

「うちの子は小学校1年から5年まで毎年、変わっている。せめて5年から6年になる時だけは同じ小学校に通学させてやりたい。ついては、今回だけは単身で行きたい」と名乗り出てきた人もいました。

　さすがに、そりゃ可哀（かわい）そうだとなって、単身で赴任させました。

　ただ、今はもう単身赴任も仕方ないという風に変わってきているようです。警察官僚の生活で、これはよくないなというところは家族が犠牲になっていることでしょうか。

【解説】

野田元総監が言うように、警察と警察官を理解しようと思ったら、警察の人事を離れるわけにはいかない。個人情報を大切にする現在であっても、警察だけはまだ縁故地、誰と交友しているかを調べている。臆病と呼ばれるほど、身辺に気を付けているのが彼らだ。

——人事のプロ

警察幹部って、長官でも総監でも、ほとんどの職員のことが頭に入っているんですよ。幹部になるまでに人事で働いた人間も少なくないわけですから。

ただ、本当のプロはキャリアでなく、一般職員にいます。昔は人事考査官と言いました。その方たちは極めて長い間、人事に携わっていて、彼は何年採用のキャリアがどういった道筋で、どこで何をやって、今はどこにいると、すべて頭のなかに入っていた。

警察キャリアは自分の同期生なら、誰がどこにいるかはわかっていますけれど、他の学年のことになると必ずしも知っているわけではない。そして、だんだん、どこの大学を出たかは忘れてしまうんですね。それよりも、現場の仕事でどんな働きをしたかが昇任にかかわってくる。

経験的に言うと公務員試験に合格するという意味では能力は一緒です。ただ、試験ですから、楽に通った人と一生懸命やって通った人がいる。試験に通ったとはいえ、能力に差はあるんです。

また、新しい仕事を言いつけていくと、どんどんこなしていく人もいれば、どこかの分野は得意だけど、どこかの分野はあまり得意じゃないという人が出てくる。これは、不思議なものです。まあ、警察だけではなくどこの世界でも同じでしょうけれど。

幹部になっていく人を見ていると、共通しているのは正義感と短気。私もそうだけれど、みんな短気ですよ。

ただ、刑事に関しては短気ではだめだと言うんですよ。例えば刑事養成講習の推薦状に「短気」と書いてあると、「これ、短気だからダメだ」って断られることがある。

講評を書く人にお願いして、「短気だけはやめてください。正義感が強いとか、長所だけを書いてほしい」と。

警察官になる人って正義感が強い。そして正義感が強い人って、大体、短気なんです。

だから、どうやって短気を抑えるか。みんな苦労してましたね。
昔は「短気を克服するために釣りをやる」人が何人もいました。
短気は少しでも直さないとダメですよ。張り込みに向かないとかいうわけじゃなくて、役所で仕事をしていたら、短気ではやっていけない。
思いがけないことはよく起きるし、思うように行かないこともある。そのたびに怒っていたって、解決しませんからね。警察幹部になるには短気であっても、それをうまくコントロールしていくことが必要です。

【解説】

野田元総監に限らず、これまで調べたことを考え合わせていくと、警察の人事はほかの官庁とは違い、組織が堅牢(けんろう)だ。

特徴1　政治家は長官になれない

これは何度も書いたが、政治家がトップにならないことで、選挙違反、贈収賄事件への介入を許さない組織になっている。検察の場合、法務大臣の指揮権発動があるけれど、警察にはそれがない。

特徴２　警察庁次長は副大統領

警察庁の次長には長官と同じ情報が上げられている。長官は大きな判断は次長と相談して決める。警察庁における次長は長官の下僚ではあるが、同程度の判断ができる立場にいる。前述したが、國松元長官は自らが撃たれて、意識を取り戻した時、次長を呼んで長官の後任人事を進めるよう頼んだ。それは、次長ならいつでも長官の職務をまっとうできるとわかっていたからだ。

一方、他の省庁の事務次官には次長という職はない。たいていは官房長だ。だが、事務次官に上がる情報と官房長が握っている情報の質と量は違う。警察庁は次長という役職を作っているから、長官不在であっても、組織は機能する。

警察の場合、襲撃されたり、狙撃される危険があるから、そういう組織になっているのだろうが、これは戦後、警察庁ができた時からの知恵だと言える。

警察庁における次長の役割は大きい。

特徴３　情報力のある人事マン

妻が妊娠しているかいないかまでの個人情報を把握することができる組織は警察と防衛省くらいのものだ。また、縁故地には幹部として赴任させないのも汚職に通じるような行動を抑制させるための決まりだろう。警察官僚になるということは個人生活がすべて公になることでもある。そして、異分野の人たちとは考えて交際するようになる。

結果として、警察組織は他省庁よりも内向きになり、一方で団結する。

トップになるには本人だけでなく、家族、縁戚もまた調べられると思って間違いない。組織にそぐわない人物はトップにならないようにできているし、かつ、能力のあるまっさらな人物だけがトップになるようにできている。

それだけ厳しい考査をくぐり抜けても、それでも「あの人はちょっと」と言われた長官もいた。それは長官になってから安心して、豹変(ひょうへん)し、自らの権力に酔ったのだろう。警察組織が必要とするべき次の仕組みは、組織から見たとき、「こいつは変わった」というトップをどう短期間で排除するかだと思われる。

――内閣危機管理監

【解説】

警察庁長官を終えたら、民間企業に天下りしたり、大使やＮＰＯの仕事をする。通常は国家の仕事から離れる。

一方、警視総監の場合、近年、まだまだ国家的仕事に就くケースが多くなった。

内閣危機管理監がそうだ。

内閣危機管理監は1998年にできた。内閣官房長官及び内閣官房副長官を助けて内閣としての危機管理を担当する。災害、コロナ禍のような感染症の蔓延(まんえん)防止対策も職務となる。内閣官房副長官に準ずる特別職の国家公務員で国家安全保障局長と同位の大臣政務官級だ。

内閣官房副長官は官房長官を補佐する全官僚のトップであり、権力を握っている。

内閣情報官は内閣情報調査室の長で、政府の情報収集活動を統括する。

前身は1952年からある内閣官房調査室長。

現在の内閣情報官制度になったのは2001年。官房長官、官房副長官、危機管理監を助けて、重要政策に関する情報の収集及び分析その他の調査に関する事務を行う。

情報の取りまとめ役として、内閣総理大臣に週1~2回、各20~30分程度の定例報告をしている。

なお、警察はテロ情報、国防情報にも関与している。2004年に外事課を改組して発足した外事情報部という情報機関がそれだ。警察庁の内部組織である。

防衛省や外務省にも外事情報を司るセクションはあるけれど、ネットワークの広がり、スタッフの練度を考えると外事情報部が日本最強だろう。日本の在外公館は約200あるが、その中の30か国には警察庁からキャリアが派遣されている。彼らは他の国の諜報機関とも接触して、国内の治安維持についての外事情報を収集する。

あくまで治安維持のための情報で、情報を使って政治に関与するためのものではないからだ。

野田元総監は2004年から2008年まで内閣危機管理監を務めた。前任者は杉田和博内閣官房副長官だった。

内閣危機管理監のやることは災害がまずひとつです。地震で言えば震度が5強6弱で動き出す。東京で5強、地方（23区外）で6弱以上があると、30分以内に会議を始めて、主宰をするのが危機管理監です。地震情報が入った瞬間に、5強6弱であれば即、招集なんです。地震は余震があるでしょう。だから、ずっと泊まり込みになる。

私の時は大きかったのが2回ありました。新潟県中越地震と新潟県中越沖地震。泊まり込んでの対策会議でした。

内閣危機管理監の初代は警察庁昭和34（1959）年採用の安藤忠夫さんでした。ちょうど内閣の制度を少し変えるべきじゃないかと議論が始まった頃、國松さんが撃たれた事件（1995年）やペルー大使公邸占拠事件（1996年）が起きたのです。

官邸だけの危機管理対応では十分とは言えないとなり、官邸に副長官級の内閣危機管理監を置き、各省庁の初動のさばきをすることになりました。

私は宮澤（喜一）内閣総理大臣の時に秘書官だったのですが、あの時、奥尻島で津波の地震（北海道南西沖地震）がありました。1993年のことで、200人ぐらい（202名）亡くなっています。当時の体制はお粗末でした。官邸には危機管理を担当する人たちが詰める部屋なんてなくて、大食堂と小食堂の間の控室を使いました。その部屋は10人も入ったらいっぱいですよ。

控室に折り畳みの机、パイプ椅子、白板やら黒板やらを用意して、電話機をつないで対策室を立ち上げました。それだけで2時間くらいかかるわけです。

奥尻島の時は夜中の発生でした。私は秘書官だったけれど、自分で情報を集めないと、誰も教えてくれない。いろいろなところへ電話をしたりして情報を収集しました。

朝、宮澤総理が来られて「できるだけ早く現地に行って見てみようじゃないか」と言ったのですが、「いや、総理があまり早く行くと、現地が迷惑します」と止めたんです。それでも、「今日中に行くぞ」という。

ちょうど参議院の選挙運動期間中で、その日は静岡に行く予定でした。とにかく午前中だけ静岡に行っていただいて、その間に、静岡から函館（はこだて）まで行くにはどうしたらいいかとルートを考えたんです。

今でしたら、自衛隊に政府専用の飛行機もありますし、ヘリコプターも使えます。ただ、当時は、総理が乗るような仕様になっていませんでした。民間人のような背広姿では乗れない。また、自衛隊機を使うと、なぜか非難される時代でした。だから、危機管理担当秘書官の私が電話して、総理が乗る飛行機を予約するわけです。たまたま名古屋から函館まで飛行機が出ていることがわかり、静岡で演説した後、名古屋に行っていただき、そこから空港へ。ただ、総理が動くと秘書官の他にも、新聞記者の人もいるわけです。私が十何人の席を取るよう交渉して……。要するに、危機管理も何もあったものではなかった。部屋もなければスタッフもいない。全然頼りにならない状態でした。

阪神・淡路大震災が起こるまでは地震災害への対応は都道府県知事が責任を持ってやる

べきで、官邸が何かやらなきゃいけないとは思っていなかった。

自衛隊を出す際、官邸は動かなかったと非難されましたが、本来、官邸が自衛隊に命令できるのは国防であり、災害の時には知事なり、指定市の市長なりが言えばよかったわけです。官邸は関係ないんです。

当時でも各省は現地の情報を取ったのですが、それを官邸に送り込む先の部署がなかった。

ですから、官邸の秘書官は自分で、自分が関係している警察なり、市役所なりに電話をかけて聞きまわる状況だったのです。

たいてい総理には警察の秘書官が付いているのですが、阪神・淡路の時の村山富市首相に付いた警察出身秘書官は間が悪いことに、ご家族に不幸があって、休みをとっていたのです。代わりの秘書官は財務省出身だから、どこへ電話をかけていいのかわからなかった。

阪神・淡路の時、なかなか自衛隊が出動しなかったことについてはマスコミに叩かれたのですが、やはり、危機管理ができていなかった。

通常、地震災害は国土庁（現国交省）の防災局が担当することになっていたのです。ただ、防災局には当直がいません。24時間対応しようという構えにはなっていなかった。しかも、防災局の仕事とは激甚災害の指定をして、国の予算を地方に流すことでしたから、危機対応ではあるけれど、事後の措置であり、側面からの支援に過ぎない。

国が前に出て、宮澤総理が現地に行ったというのはあくまで例外でした。ただ、宮澤総理が行ったからこそ、当時の北海道知事が函館まで来て、打ち合わせをしたのです。知事が言われたのはとにかく港を復旧しないといけない、と。津波で、港にあった船や駐車していた自動車が海に引きずり込まれてしまった、それを掃海しないと、船が着岸できず救援ができない。総理は「では、それを一番にやりましょう。全力を挙げてやりましょう」と。ですから、総理が行ったのはそれなりに意味があるのですが、思えば何も総理が行かなくとも、知事が必要だと言えばいい。

ただ、知事は必要だとわかっていても、いくらまで予算が使えるかはわからないんです。都道府県予算の範囲内ではこれぐらい使えるとはわかります。しかし、危機管理で必要な予算は都道府県予算だけではない。例えばごみ処理場を作るのでも通常は10分の1を地元が負担して、10分の9は国に要求することになっている。

ところが地震があって、平常時の10倍の規模のごみ処理場を作らなければならないとなると、県にとっては、自前でひとつ作る分くらいの予算を持っていなければならない。しかし、どこの県もそんな予算はないわけです。すると、ごみ処理場ひとつでも、結局、国に頼らなければならない。知事だけでは判断できない。

そういう事情を理解していて、危機があったら国の予算を緊急に地方に流すことも危機管理なんです。

２０１１年の東日本大震災の時の内閣危機管理監は伊藤哲朗（元警視総監）君です。私の後任です。

大震災が起きるまでは、「内閣危機管理監は高い権限を持っているのだから政治家がやるべきじゃないか」と言われていたのです。けれども大震災でそうした意見は変わりました。危機管理監は常時、30分以内に官邸へ行けるところにいなければいけない。選挙区にいる政治家にはなかなかできない仕事だとわかったのです。

――危機管理監のやること

危機管理監が差配する事象って、十数項目、あります。自然災害から始まって、航空機事故や列車事故のような大規模事故、国防絡みの事象、感染症の蔓延対策もそうです。例えば北朝鮮がミサイルを撃ったら、国防会議事務局（現在は国家安全保障局）の担当が、そのまま官邸危機管理センターへ入ってきます。今は全省庁を全部使うという前提ですから人数も増えて、危機管理監以下、150人くらいはいます。ちゃんと執務室もあります。

それではなぜ、管理監には警察の人がいいかといえば、何か事が起きた時、全国にネットワークがあり、しかも、第一線に出た経験がある。それで警察の経験者がやっているのでしょう。国防という面を考えれば、防衛省出身の人がやったほうがいいということになるかもしれませんが、防衛省出身の方は国内で災害なり、事故が起きた時のことはよくわかりませんからね。

面白い話があります。いざという時のために警察と陸上自衛隊が合同の訓練をやったことがあるんです。

やってみてわかったのが、持っている地図が違うことでした。自衛隊の地図は緯度と経度が描いてあるだけ。警察のそれには何丁目何番地とか建物の名前が入ってる。

自衛隊の地図は戦争状態が前提だから、何丁目何番地なんて地図を持っていたって意味がない。平時はキャタピラーがついている車両は道路を走ってはいけないのですから。

一方、警察は住民がいるのが前提です。住所のある地図しか持っていません。訓練の時にはふたつの地図を重ねて、どちらもわかるようなものにしました。

——阪神・淡路大震災は大きな節目だった

「総理大臣が自衛隊に出動命令を出さなかった、遅れた、けしからん」

「官邸は状況を何もつかめていない」

阪神・淡路は、ちょうど閣議があった日でした。閣議は午前10時から始まります。閣議が始まってしばらくして、総理のところへ上がった情報が、神戸で200人、亡くなる可能性がある（最終的には6434人）というものだった。けれど、地震が起こったのは午前5時46分52秒ですよね。だから、もっと情報が早くてもいいんじゃないかという意見も出ました。

確かに警察は警察無線などを駆使して情報は取っていた。ただし、情報は警察庁で止まっていたわけです。警察庁から先は電話で総理の秘書官に、こういう状況だと伝えただけだった。官邸から情報を取りに行っていたわけではない。

それで、災害や大事故では情報集約センターがいる、と。当初は内閣情報調査室に当直体制を作り、防衛省から陸のことと空のことと海のことがわかる人、外務省から外国のことがわかる人たちを集めて24時間体制で情報を取った。一方で、アメリカのFEMA（アメリカ合衆国連邦緊急事態管理庁）を見に行って調査した。ただ、大統領制と日本の議院内閣制とは違いますから、そのままというわけにはいかなかった。それでもいくつか参考になった点はありました。

阪神・淡路大震災の問題点は兵庫県知事が発災直後に自衛隊を要請しなかったことです。もっと早く要請すれば随分違ったと思います。

どうして要請しなかったのかと言われても本人じゃないから何とも言えませんが……。兵庫県も神戸市も自衛隊を疎んじていたところがあると思うのです。

昔の話になりますが、神戸市で、港に船が入ってくるので、歓迎会をやろう、ついては満艦飾をやろうとなった。でも自衛隊が神戸市に「うちも満艦飾はできますよ」と言ったら、当時の港湾局長から「海上自衛隊の船は出て行ってくれ」と追い出されたなんてこともありました。

今はもう全然違います。知事が動かなくとも自衛隊を出せる。当時、応援要請は知事の権限だった。総理大臣ももちろん出せるのですが、今は市町村長でも要請できます。自衛隊も、今は、自ら偵察ができます。前は偵察もできなかった。今では自衛隊はリエゾン

（災害対策現地情報連絡員）を出して、「何かお役に立てること、ありますか」と、各知事や市長にコンタクトできるようになっています。

――内閣官房

内閣危機管理監は内閣官房のなかのセクションです。内閣に官房長官がいますでしょう、加えて官房副長官がいる。政務ふたりと事務の副長官、その人たちが3人横並びで、その下に内閣危機管理監がいます。内閣危機管理監の下に副長官補が3人です。内政担当、外政担当、危機管理担当。他に内閣情報官と広報官、いわゆる5室長と言われる者たちがいて、お互い助け合う仕組みになっている。彼らは内閣府の職員ではなくて、内閣官房の職員です（図7）。

危機管理監ができる以前から、警察庁には警備局のなかに災害対策室がありました。警察庁は24時間体制です。当時はそれでよかった。内閣総理大臣が直接、災害対策をやるのではなく、都道府県知事がやると決まっていました。そして、都道府県知事がやることについて、必要な予算を手当てすればいいという発想だったんです。自衛隊を動かすにしても、今はそんなに奇妙だと思われていませんが、以前は自衛隊を動かすこと自体に国民が

図7　内閣官房組織図

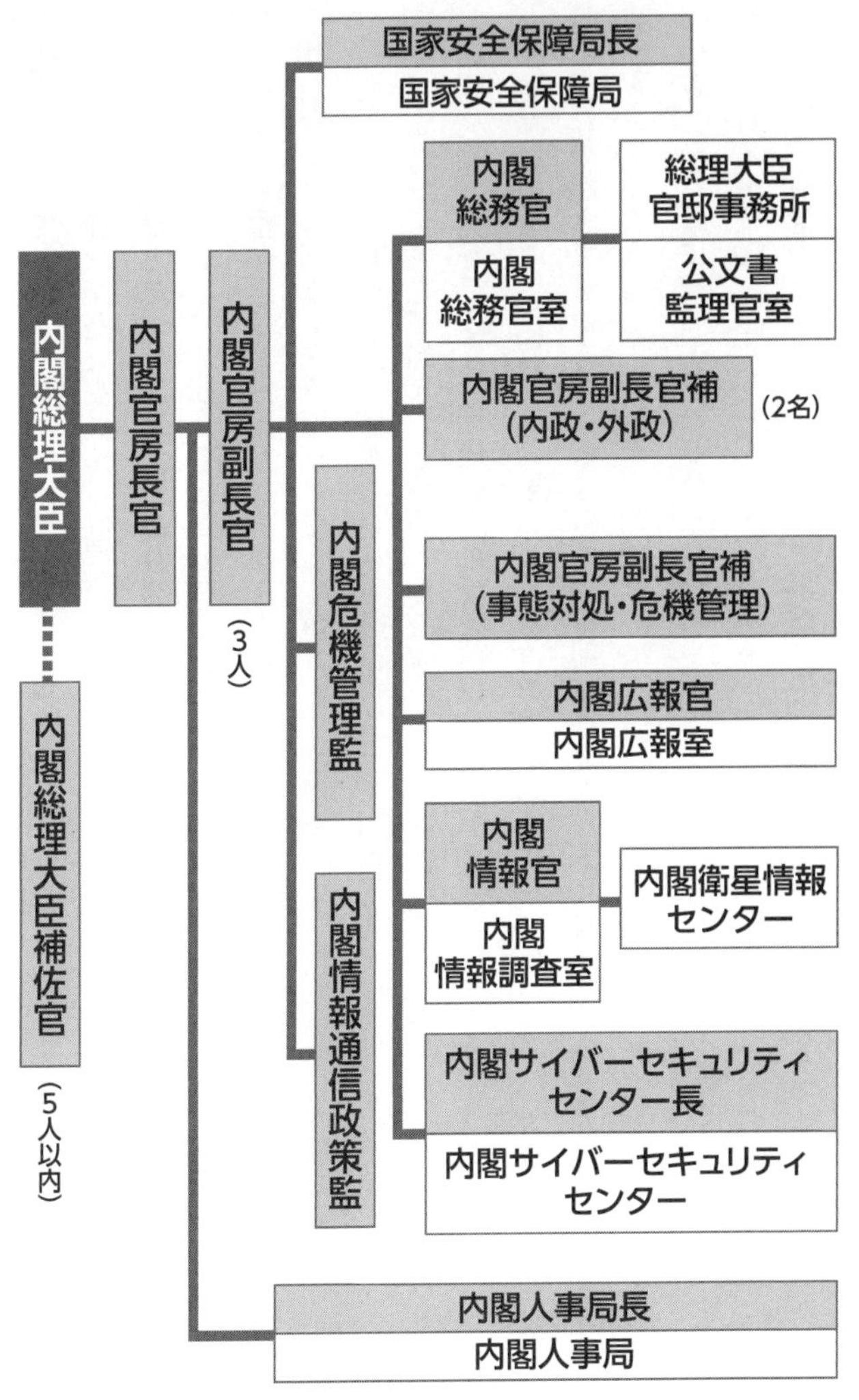

（内閣官房HP、令和3年2月19日現在）

抵抗感を持っていた。

やはり、阪神・淡路大震災から危機管理に対する意識が大きく変わったんです。災害、大事故、感染症とすべて総理大臣の仕事になってしまった。確かに総理大臣がやった方が広域運用もできるし、いろいろなことができます。

それまで警察が飛ばしたヘリコプターからの現場映像は警察庁のなかで終わっていた。それが今では官邸まで送るようになっています。官邸だって、情報を受け入れる場所がなかった。危機管理監とは情報の受け入れ体制の大元でもあるんです。

今でしたら、災害が起きて2時間もたたないうちに各省庁の担当者が乗ったヘリコプターが飛んで、現地で打ち合わせや情報収集をしています。

会議だけでなく、災害対応のオペレーションの手順も決まっています。大きな地震が同時にふたつ起きても対応できるぐらいの情報集約能力がありますし、調整ができるような部屋もあります。

いざという時には、トラックに水や食料を詰めて送るようになっているところもある。受け入れる方は、「どこそこの小学校へ来てください」と決まったところに誘導する。このように危機管理とはディテールまで事前に決めておくことが必要なんです。

――災害ボランティア

昔に比べると、ボランティアの立ち上がりは早い。ボランティアが動きだしたのは、日本では阪神・淡路の時が嚆矢(こうし)ですね、それまでは大規模なボランティアはなかった。

私は南部イタリア地震（イルピニア地震、1980年、2483人死亡、25万人が家を失う）を現地で経験したのですが、ボランティアの活動も見ました。北から南に行く高速道路にはキャンピングカーを引いた車がダーっと走っていく。戻ってくる車を見るとキャンピングカーを外したフックが付いている。みんな食料や水の入ったキャンピングカーをそのまま置いてきちゃうんです。すごいなと思ったけれど、大変ですよ、お金がかかるし。その後、2週間くらいしてから、私は現地視察に行ったのですが、ボローニャから来たボランティアに会いました。彼は地震の翌日に来て、2週間活動して帰ると言っていました。給食のボランティアで、スパゲッティ・ボロニェーゼの本格的なのを毎日、炊き出しした、と。

海外では災害があるとボランティアが瞬時に出ていくようになっていたんですね。

日本では阪神・淡路大震災の後です。ただ、日本のボランティアの人たちって、行政の人が命令すると、少しへそを曲げるらしいんですよ。だから、ボランティアの人たちを調整するボランティアが必要。

でも、いったん災害があればすぐに学生さんだって、社会人だって行くわけでしょう。そういう意味では、すごくいい国になったなと思いますが。ただ、感染症の蔓延にはボランティアはなかなか難しい。医療従事者への支援といったことになってしまう。これはまた考えなくてはならない。

阪神・淡路大震災の時、見ていて、気に入らないなと少し思ったのは、ボランティアの人が食事をみんなに配るわけです。すると、給食を受けている立場の人が後ろの方から「おい、早くしろ」とか怒鳴るのですよ。

おいおい、前へ来てボランティアのお手伝いしたらどうだ、と思ったけれど……。その点を知事が言ったら、今度は知事がマスコミに叩かれた。それはおかしいんじゃないかな。マスコミもきちんと指摘すべきじゃないですか。

――警察庁長官だけがやる仕事

警察庁長官だけがやる仕事?　そう、やはりこれから先のことを考えるのがトップの役割で、ストーカー事案、家庭内暴力などはかなり前から外国では問題になっていました。今では日本も警察の仕事として認知されてきたけれど、他にもあります。海外で問題になりつつある事案について、日本でも対応を考えるのは警察庁長官の仕事だと思います。

もうひとつは都道府県警察の規模、態勢、能力を考慮したうえで、指導、調整の実を挙げること。これは常に点検していかないといけない。この仕事ができるのもまた警察庁長官なのです。

おわりに——長官の資質について

ふたつの資質

ルネサンスの天才、ミケランジェロがダビデ像（注）の創作について語ったとされる言葉がある。

「まず大理石を見る。……そして、ダビデではない部分を削り取ればいい」

次は本当にあった話だ。

ミケランジェロに制作を依頼した市政長官が「鼻が大きすぎる」と文句を言った。

鑿（のみ）と大理石の粉を手に隠し持ったミケランジェロは足場に上り、鑿を軽く動かしながら、粉を下に落とした。むろん、鼻には触れていない。

「これでいかがです？」

「やあ、すっかりよくなった。これで生き生きとしてきたぞ」

注　ダビデ像は高さが5・17メートル。本物はフィレンツェのアカデミア美術館、レプリカは市庁舎前にある。

ミケランジェロは現実を見て、そのなかから本質をつかみだすことができた。

また、本質が持つ意味を理解できない人たちに、どこが重要なのかを説明することができた。

警察庁長官たる者はこのふたつの資質を持っていなくてはいけない。

米田壮が言っているように、日本の公的セクターは弱っている。新型コロナの蔓延(まんえん)に対しての保健所の対応能力を見れば一目瞭然だ。

警察で言えば執行力だろう。

「昔はひとりの警官が一喝すれば5、6人の容疑者を引っ張ってくることができた」

しかし、もうそれはかなわない夢だ。

仕事は増え続けているのに、執行力は低下している。

警察の本質的な問題はそこにある。そして、このまま疲弊していったら、困るのは庶民だ。金持ちはゲートで囲まれた家に住むことができる。ボディガードを雇うこともできる。わたしは実際にそういう暮らしをしている人たちをケニア、タンザニア、ウガンダで見た。安全は空気のようにタダではなく、そういう国では金がかかる。日本をそのようにしてはいけない。警察庁長官は大理石のなかからダビデ像になる部分をしっかりと見て、つかみだしてほしい。そして、「これでどうですか？」と政府に見せてほしい。

公的セクターの力を元に戻すには組織の統廃合を進めることから始める

何度も書いたように犯罪は減り、交通事故も減少した。治安はよくなっているのだが、警察の仕事は増えていく一方だ。しかし、人員は増やせない。

後藤田正晴の言葉ではないけれど、「警察官の人数を増やす法律が国会を通るわけがない」からだ。

そうなると、増えている仕事を減らすこと。さらに新しい仕事を引き受けるのをやめること。加えて、ふたつの組織がやっている同じ仕事をひとつにまとめることだろう。

増えている仕事は市民サービスだ。まず、ここを整理して市役所、保健所がやるべきことはすべてまかせる。

クマ、鹿などの獣害については、市役所と地元猟友会のみなさんにおまかせする。クマについては警察官は現場の立ち入りを禁止するなどの補助的な役割を果たすだけにする。

それ以外の猿、鹿、イノシシからスズメバチまでの生きものについては、市役所の「生きもの係」的な人たちがすべて解決する。飼育されていた生きものについては飼い主の責任を追及する。捕り物にかかった費用は請求することだ。そうすれば安易に外に出したりはしなくなる。

新型コロナに限らず感染症の蔓延については一義的に保健所が責任を持つ。行政罰を科す場合は市役所の職員が同道する。警察官は行かない。そもそも疲弊している飲食店を「営業しているのはお前か」と難詰し、罰金を召し上げるのは悪代官のような所業ではないか。

そういう法律を楯(たて)に真面目な警察官が取り締まりを始めたら、市民の敵になる。治安の維持を考えると、実にまずい。保健所の職員が「協力をお願いして回る」仕事だと思う。

重複した組織はいらない

組織は放っておいても自己増殖していく。海上保安庁はさておき、公安調査庁、麻薬取締部、出入国在留管理庁は警察と一緒にした方がいい。

公安調査庁は法務省の外局で、破防法(破壊活動防止法)、団体規制法の適用が任務だ。規制対象に該当する団体かどうかの調査と処分請求を行うのが仕事。ただ、摘発の権限はあるけれど、これまでに一度も破防法を適用したことはない。いわば準備作業をやっているところだ。それならば警察と一緒にしたって何の問題もないと思われるけれど、公安調査庁の職員は「絶対に嫌だ」と言うだろう。それをどう取り込むかは警察庁長官の腕の見せどころだ。

麻薬取締部も警察と同じ仕事をしている。そもそも分かれていること自体がわからない。出入国在留管理庁については個人情報を扱う仕事だから、警察の仕事の延長のようなものだ。一緒にしてはいけないのだろうか。

こうした組織を一緒にするメリットはふたつある。

まずは、ダブっている仕事をしている人員を減らして、他のセクションに回す。市民サービスに充てる。

ふたつ目は「小さな容器の中で教育するよりも、大きな容器で育てる方が経験の幅と奥行きが出る」からだ。今いる人たちは絶対に組織の統合についてはイエスとは言わないだろう。だが、これから入庁する職員にとっては小さな組織でルーティンをやり続けるよりも、大きな組織のなかでいろいろな仕事を経験する方が幅と奥行きが広がる。たとえば、出入国在留管理庁に入って、パスポートの検査を長くやれば職人としてのスキルは上がるだろう。しかし、警察の仕事を経験して入国した後の人間がどうして犯罪に手を染めるのかを知れば、ふたたび入国事務を取り扱うようになった時、目の付け所が違ってくるのではないだろうか。

力点を置くこと

思うに、警察組織のなかに採り入れるか、もしくはともにことに当たるべき組織にするといいのが児童相談所との協同だ。

現在、全国の自治体のうち、過半数は児童相談所に現職の警察官を配置している。しかし、過半数ではなく、全部でなくてはいけない。それに、配置ではなく、必ず同行して自宅訪問しなくてはならない。

子どもを虐待する親のニュースが流れると、児童相談所の職員の方々が何度も足を運んでいることがわかる。

ところが、子どもには会えない。親が拒否するからだ。子どもの顔や体の傷を確かめたいと思っても、親が扉を開けなければ個人宅には入っていけない。仮に児童相談所の職員で体格のいい人間が睨み（にら）をきかせたからと言って、子どもを虐待している親は絶対に室内には入れないだろう。

逆に彼らは「あんた、警察を呼ぶよ。不法侵入だよ」と脅すのである。

警察は弱い立場にいる人たちのために、断固たる執行力を使ってほしい。

警察庁長官の資質

わたしが会った元警察庁長官たちはいずれも庶民的だ。

警察官なのに腰が低い。強面ではない。ただ、おしゃれな人たちではない。豆乳ラテなんて飲んだことはないだろう。昔からの郷土料理と燗酒(かんざけ)を愛する人たちだ。東武東上線の電車に乗ったとすれば、隣に座っている人だ。

彼らは長時間にわたる訓練と労働をこなし、知性も備えている。自分の職務に対して信念を持ち、指導力と統率力がある。社会に貢献し、愛国心がある。

ただ、これだけなら条件を満たした人は掃いて捨てるほどいる。官界でも財界でも成功した人はたいてい、こういった資質を備えている。

では、そういった才能あふれる人たちと警察庁長官を隔てているものは何なのか。

それは気概だ。

警察庁長官であれば職責上、自らが防がなくてはならなかった惨事が必ず起こる。あくまで職責上の責任であって、彼が現場にいたからといって防げたわけではない惨事だ。災害、大事故、大事件、感染症の蔓延による事象の数々……。

こうしたものを彼らが防げるわけではないけれど、「責任者は誰だ」と呼ばれたら、出ていかなくてはならない。

そして、どんなことが起こったとしても、彼らは進んで責任を引き受けて、出ていく。

自分のせいではない惨事に対して、自ら手を挙げて責任を取るのが警察庁長官で、それができる人だけがやるべき仕事だ。

野地秩嘉 のじ・つねよし
1957年東京都生まれ。早稲田大学商学部卒業後、出版社勤務を経てノンフィクション作家に。人物ルポルタージュをはじめ、ビジネス、食や美術、海外文化などの分野で活躍中。『TOKYOオリンピック物語』でミズノスポーツライター賞優秀賞受賞。『キャンティ物語』『サービスの達人たち』『企画書は１行』『高倉健ラストインタヴューズ』『トヨタ物語』『トヨタ現場の「オヤジ」たち』『新TOKYOオリンピック・パラリンピック物語』『「決断の瞬間」ストーリー』『京味物語』ほか著書多数。

朝日新書
833

警察庁長官

知られざる警察トップの仕事と素顔

2021年９月30日第１刷発行

著　者　野地秩嘉

発行者　三宮博信
カバーデザイン　アンスガー・フォルマー　田嶋佳子
印刷所　凸版印刷株式会社
発行所　朝日新聞出版
〒104-8011　東京都中央区築地5-3-2
電話　03-5541-8832（編集）
　　　03-5540-7793（販売）

Published in Japan by Asahi Shimbun Publications Inc.
ISBN 978-4-02-295141-0
定価はカバーに表示してあります。

朝日新書

諦めの価値

森　博嗣

諦めは最良の人生戦略である。なにかを成し遂げた人は、常に多くのことを諦め続けている。あなたにとって、何が有益で何が無駄か、「正しい諦め」だけが、最大限の成功をもたらすだろう。人気作家が綴る頑張れない時代を生きるための画期的思考法。

人事の日本史

遠山美都男
関　幸彦
山本博文

一大リストラで律令制を確立した天武天皇、人心を巧みに摑んだ武家政権生みの親・源頼朝、徹底した「能力主義」で人事の停滞を打破した松平定信……。「抜擢」「出世」「派閥」「査定」「手当」「肩書」などのキーワードから歴史を読み解く、現代人必読の書！

インバスケット経営思考トレーニング
生き抜くための決断力を磨く

鳥原隆志

ロングセラー『インバスケット実践トレーニング』の経営版。コロナ不況下に迫られる「売上や収入が2割減った状況で行うべき判断」を、ストーリー形式の4択問題で解説。経営者、マネージャーが今求められる取捨選択能力が身につく。

税と公助
置き去りの将来世代

伊藤裕香子

コロナ禍で発行が増えた国債は中央銀行が買い入れ続けた。金利が急上昇すれば利息は膨らみ、使えるお金は限られる。保育・教育・医療・介護は誰もが安心して使えるものであってほしい。持続可能な社会のあり方を将来世代の「お金」から考える。

私たちはどう生きるか
コロナ後の世界を語る2

マルクス・ガブリエル
オードリー・タン
東　浩紀 ほか／著
朝日新聞社／編

新型コロナで世界は大転換した。経済格差は拡大し社会の分断は深まり、暮らしや文化のありようも大きく変わった。これから日本人はどのように生き、どのような未来を描けばよいのか。多分野で活躍する賢人たちの思考と言葉で導く論考集。

朝日新書

歴史のダイヤグラム
鉄道に見る日本近現代史

原　武史

特別車両で密談する秩父宮、大宮vs.浦和問題を語る田山花袋、鶴見俊輔と竹内好の駅弁論争……。鉄道が結ぶ小さな出来事と大きな事件から全く知らなかった日本近現代史が浮かび上がる。朝日新聞土曜別刷り「be」の好評連載、待望の新書化。

警察庁長官
知られざる警察トップの仕事と素顔

野地秩嘉

30万人の警察官を率いるトップ、警察庁長官はどんな仕事をしているのか。警視総監の仕事と何が違うのか。どのようなキャリアパスを経て長官は選ばれるのか――。國松孝次第16代長官をはじめとした5人の元長官と1人の元警視総監にロングインタビューし、素顔に迫る。

ベスト・オブ・齋藤孝
頭を良くする全技法

齋藤　孝

読む・書く・話す技術、コミュニケーションの極意、魂を磨く読書、武器としての名言、人生を照らすアイデアの出し方――知的生産をテーマに500冊以上の書籍を書きついできた著者既刊から、珠玉のエッセンスを凝縮した「ベスト本」。頭が動くとはこういうことだ。

世界100年カレンダー
少子高齢化する地球でこれから起きること

河合雅司

未来を知るには、人口を読め。20世紀の人口爆発の裏で起きていたのは、今世紀中に始まる「世界人口減少」への序章だった。少子化と高齢化を世界規模で徹底的に分析し、早ければ43年後に始まる〝人類滅亡〟への道に警鐘を鳴らす人口学者の予言の書。